U0084627
金星出版
命理生活新智慧・叢書
VENUS PUBLISHING CO.

命理生活新智慧・叢書 89

算命智慧王

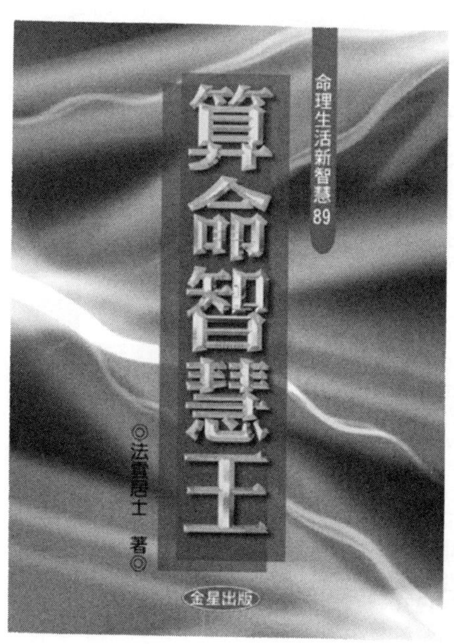

金星出版社 http://www.venusco.com.tw
E-mail: venusco@pchome.com.tw
法 雲 居 士 http://www.fayin.tw
E-mail: fatevenus@yahoo.com.tw

法雲居士⊙著

國家圖書館出版品預行編目資料

算命智慧王／法雲居士著，--臺北市：
金星出版：紅螞蟻總經銷，
2010年12月 初版；面；公分—
（命理生活新智慧 叢書；89）

ISBN 978-957-8270-89-3 （平裝）

1.專業倫理 2.命相

198.293 97012334

算命智慧王

作　　者：法雲居士
發 行 人：袁光明
社　　長：袁靜石
編　　輯：王璟琪
總 經 理：袁玉成
出 版 者：金星出版社
社 地址：台北市南京東路3段201號3樓
電 電話：886-2--25630620•886-2-2362-6655
傳
郵政 FAX：886-2365-2425
總 經 銷：紅螞蟻圖書有限公司
地　　址：台北市內湖區舊宗路二段121巷28・32號4樓
電　　話：(02)27953656(代表號)
網　　址：www.venusco.com.tw
金星出版社.com
E-mail：venusco@pchome.com.tw
venus@venusco.com.tw
法雲居士網址：http://www.fayin.tw
E-mail：fatevenus@yahoo.com.tw

版　　次：2010年12月 初版
登 記 證：行政院新聞局局版北市業字第653號
法律顧問：郭啟疆律師
定　　價：370 元

行政院新聞局局版北字業字第 653 號
(本書遇有缺頁、破損倒裝請寄回更換)

投稿者請自留底稿
本社恕不退稿

ISBN：978-957-8270-89-3 （平裝）

（因掛號郵資漲價，凡郵購五冊以上，九折優惠。本社負擔掛號寄書郵資。單冊及二、三、四冊郵購，恕無折扣，敬請諒察！）

算命智慧王

論命程序與內容概要

——算命到底該算些什麼？

序

現在是二十一世紀的新世紀了，有些鐵齒的人會執疑，為何在科學昌明的現代，還有這麼多人愛算命呢？算命師真的能上知天文、下知地理，前知古人、後知來者的無所不知、無所不斷嗎？算命師會不會胡謅騙人，以迷信之說來矇騙世人呢？

這些問題是我常在一些學術性的討論會或演講時，會遇到一些不信邪的人所提出的問題。當然！我覺得一定有更多的人會對算命這件事心存疑慮。更有一些原本喜歡算命的人，有時候也東找人算命，西找人算命，每個算命師講的都不一樣，有時更有天壤之別。例如找八字的喜用神及財方、吉方的問題。很多根本不懂八字的算命師，居然看八字中那種五行要素多，就以那種五行元素做為喜用神來看待而告訴當事人。我們都知道，喜用神是每個人命格、命理條件的『藥』，是要治療命理中缺陷及刑剋的重要方法。例如土多的人，要以甲木疏土，再配合水，以達命理的中和透氣，才能使人聰慧多學，能有成就。土多蓋住水，其人容易腎臟出問題而多病災或有傷性命。命中土多的人，除了特殊格局，如『稼穡格』、『土金傷官佩印格』之外，大多須要以木制土，以水輔助，才能成為好的命理格局。因此論人生死的算命師豈能不以此為戒，要勤學、致良知，否則只能成為社會的害蟲！

這本『算命智慧王』一書的出版，主要是對現今命理市場的混亂做一規範作用，算命師應該遵守的論命程序，該算那些命理關鍵問題，命理師不該說的話又是那些？

求助算命的『算命客』也要知道，基本上你能得到那些資訊及知識才是完整算命程序與內容，並不是說算命師都說好聽的話，哄得你高興，便是算得好了。回家之後仔細一想，問題又全然沒有答案，覺得白忙一場了。

現今這個商業社會，很多人際關係疏離、鬥爭明顯強烈，有一些問題是連父母、師長、朋友都完全沒法子幫忙你的事，因此須要社會經驗豐富及命理知識豐富的『論命師』來幫助你從不同角度來分析你的處境和問題，讓你脫離困境。

算命智慧王

『命理學』是生活科學中的重要分支。命理師也和心理治療師一樣也是大家生活中最好的諮詢專家。只要把命理師的道德品行規範好、知識層面提高到規範的層面，即可以解決許多社會問題，以及人心理方面憂鬱症等問題。因此，命理師是負有神聖使命的人，也是能疏導社會問題的人。

謹以此書獻給能將人心勤耕為福田，來穩定人心，為社會默默付出之積善好德之普天之下的命理師們。

法雲居士　謹識

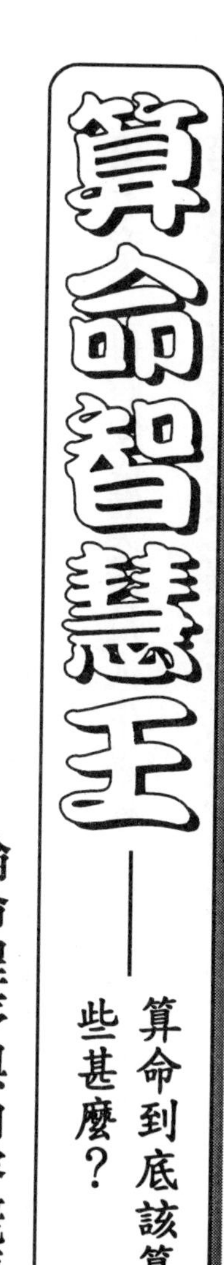
命理生活叢書89
算命智慧王
——算命到底該算些甚麼？
論命程序與內容概要

目錄

算命智慧王

前言

在我一系列『智慧王』叢書裡，這本『算命智慧王』，原本有個正經八百的，學術性質強的名字。是『論命程序與內容概要』。原本，我是想將命理學的一些問題，用較學術的方式做一些討論和規範。以便以後在大學課程中有命理學專門科系時，可以應用。以前早期在大學中國文系裡，也曾有此課程，據我所知，在台灣政治大學的國文系中就有曆算課程，可惜後來教此課程的先生過逝了就成絕響。曆算(通書、農民曆)也是命理學中的一支。這是前有可鑑之例。

『**命理學**』**是一門生命及生活科學**，它兼容了，既是歸納法、又是演繹推理法。中國學術派稱『命理學』是一門『數術』，是一點也不錯的！『算命』既是一門人類生命及生活的科學，必和人息息相關。自然，心裡有疑惑的人就要找人解除疑惑，想找人算命了。而能瞭解以這種歸納及演繹法為人解決疑惑的人，也就能以此為業，而成為算命師了。

在世間，也有一些人反對算命的，這些人的理由，不外乎，『命理學』的學問不正統、很迷信。又有一些程度差的算命師會騙財騙色之類的。其實各行各業都有敗類出現過，就像近來補教業的一些色慾辛辣話題，也是教師界的敗類所致。難道大家就因為不相信老師就不上學，不補習了嗎?當然不會!所以『命理學』、『命理界』是需要一個好的規範程序的，愈多人遵守，就愈多人受到幫助。

至於『命理學不正統、純屬迷信』之事，歷史就給了我們很好的回答。孔子做繫辭，分析了運氣的判斷及趨吉避凶的方法。歷代君主很多會算命，乾隆皇帝就很會批八字。歷代的學者也寫了很多與論命有關的文章。唐朝被尊稱『文起八代之衰，道濟天下之溺』的韓愈，以及宋代理學大師朱熹，也都寫過算命的文章。凡事不可頑迷。如果有可參考，可改進人類生活環境及方式的學問或方法，為什麼不廣為人知的介紹呢？

現代科學很發達，已經到外太空去找尋其他星球的生物人種了。但是在地球上的我們，仍有許多人搞不定自己身邊的瑣事。甚至會因為一丁點別人眼中的瑣事，而搞得烏煙瘴氣或家庭破碎，人生無趣。倘若有一位冷靜睿智的旁觀者，能很清楚準確的幫忙這位苦惱人分析及規劃事理，消其人煩惱於無形，這不是很好的一件事嗎？況且，這社會上煩惱的人何其多啊，市場非常廣大。心理醫生是不夠應付的。再之，中國社會中，一般人不喜歡找心理醫生。一般人是把心理醫生是和精神疾病劃上等號的。如果常去看心理醫生，豈不是向人宣告自己罹患精神病了嗎？因此很排斥。況且，有些預言之類的探求，也不是心理醫生愛做的事。因此，在華人社會中，『算命』是絕大多數的人賴以解決自己心中問題的『智慧之鑰』。而『算命師』及『風水師』也在華人社會中佔有一定的地位。

我一向主張『自己算自己的命』。人一生的重要課題就是不停的『選擇』。人一出生，除了爸媽及兄弟姐妹不能選以外，其餘諸事都是要靠自己的選擇以成事。例如：上什麼學校？找什麼樣的工作？選什麼樣的配偶？甚至，現在生什麼樣的小孩也能選。如果學校選得好，書就會讀得好。如果工作選得好，賺錢就會多，物質生活就會富裕舒服。如果配偶選得好，一生感情生活很愜意，白頭到老，幸福一生而無憾。如果子女選擇生的好，父母慈愛，子女乖巧，讀書順利，家庭和樂，少傷腦筋。人一生的幸福檢定標準就是這些事了。

但人生中的大小事中，很多是自己拿不定主意，或是對人生茫然，不知個人未來人生趨勢發展動向，想要找一個看得懂人生趨勢動向的人來參詳一下。例如：現在有很多晚婚的男女，很希望知道自己能在幾歲時能結婚？倘若你自己會算命，當然就知道自己弱的部份在那裡？只要改善那部份即能算得出婚期了。現代年輕男女不婚的原因有大部份是生理的原因，有小部份是心理的原因。生理的原因是其人因『田宅宮不好』。田宅宮在命理上代表其人的財庫，也是『命庫』。在女人代表子宮，在男人代表『蓄精』之宮位。同樣是製造賀爾蒙的地方。女人田宅宮不好，子宮會有病變，易無法生育，也沒有異性緣，不易結婚，也存不住錢。男性田宅宮不好，精蟲少，也易不健康，影響生育能力，同樣也易沒有異性緣，或對結婚、性事沒有興趣，自然也不想結婚，也對任何事都沒興趣，工作也不賣力了。這些人如果能去看看中醫，調養一下，也能過正常人的婚姻生活，而幸福美滿。

另一種心理的原因，就是心理感情因素，例如夫妻宮不好，或福德宮不好的人，會因內心世界太複雜，想得太多，而對人不信任而不婚。這些人也特別容易受傷害。福德宮不好的人，容易有憂鬱症、躁鬱症、思想混亂、不理智。夫妻宮不好的人，容易選擇奇怪的戀愛對象，致自已於不利之處，最終是非一場，最終

什麼也沒撈著。所以奉勸一些『喜歡談戀愛，愛到痛的人』，可能你本身就有一點精神疾病的象徵，需要找一下心理醫師或算命師替你解惑一下了。

你看！就一個『不婚』的問題，就有很多種病因，但這些都可從八字或紫微看得出來。發現出原因，再去醫院找專科醫生治療根本的病灶，如此就能『有病得良藥而醫之』而一勞永逸。

命理學是幾千年來，聖祖先賢所留下來之大智慧，已經在幾千年中幫助過無數人。因此，我也希望在現今二十一世紀中，雖然科學已很發達，但『命理學』仍能在人的心理科學以及生活科學這方面投下助力，默默耕耘，為廣大的人類做最好的服務，這就是我寫這本書的願望！

再則，基於有一些喜歡算命的人，或想要去算命的人，常常

不知所問？有時不知要問什麼？有時也不知要怎麼問？或重複問一些自以為重要，但與其命格中人生關鍵議題無關之事。其實，每個人都應清楚『自己的生命中心點是什麼？』

『**生命中心點**』**即是**你這個人來這個是世界上是來做什麼的？也是你這個人的『人生意義』是什麼？更是你這個人的『人生目標』是什麼？

很多人自以為這輩子是來『找錢』的，也有人以為自己這輩子就是『吃、喝、拉、撒、玩』了，當然也可能這就是你的『生命中心點』。但是我更希望能正面一點、積極一點的為所有的朋友找出更莊嚴一點、更偉大一點的『生命中心點』出來，好讓這個朋友的人生不同凡響一點，不會只是像『夜市人生』一樣的一場虛空吧！

『算命智慧王』將是帶給『想算命的客倌』以超智慧的省思來問自己的人生問題。更將帶給以論命服務為人生目標的『算命師』以專業、正義、人溺己溺、知無不言、言無不盡的精神來服務眾人。

這本書分為兩部份。(一)為問命者篇。(二)為算命師篇。

在(一)的部份中，是從想算命者的角度來看待整個從算命的意願與起到整個論命過程結束，或某些論命有後續服務的整個過程的模擬狀況。由這些狀況中一一為想要做算命諮詢及消費的『問命者』(算命客)，為您分析如何才是正確的、好的算命服務。那種算命服務容易遭騙，或答非所問、白浪費錢。以及在那種場所算命，較不會有人身的危險。另外也幫助讀者思考到底算命時，要問些什麼？怎麼問法，會得到你要的答案。你得到的答案是不是對你最有利的？另一方面，老師要你改，你改不改得了？若是改不了，到底是那裡有問題？

這本書的第一部份為你檢討了整個算命過程的經過與得失。**在第二部份中，為『算命師』的部份，將以專業角度談算命知識內涵的問題**。算命到底該算些什麼？算命師不但要有專業的素養，也得有悲天憫人的胸懷及負有社會責任。

專業素養是算命師的基本論命知識、基本功、及解釋命理的能力。算命師是藉由命理知識的轉譯者，不可隨便藉鬼神來騙人。『悲天憫人的胸懷』是指世間芸芸眾生中，命格各有高低，不論來問命者的智慧、家財的高低，算命師皆要有以鼓勵人心向上，突破難關，勇往直前的鼓勵勸善心態。算命師是一門幫助人過好生活、走好運、選擇正確的、對其問命者有利的明路的行業。簡而言之，就是要替來問命者解決他的困擾、煩惱，甚至是一些麻煩。如果這些困擾、麻煩是具體的事情還好。例如：有官非、打官司、錢財上的問題糾紛，算流年、流月運氣，以及一些人情世故的解決方法也能解決。**最怕是無形的問題，或是問命者有太超過的貪念，或是算命師自身品德不佳，對問命者的財物有貪念，或是算命師本身的才學不足，而引導人錯誤。**像說人有『細姨命』之類的。命理中並無此格局。只有富貴貧賤之分。以及荒淫、禮正之分。因此，當問命者妄自菲薄時，我們算命師要給予鼓勵打氣，提升其人的自尊及向善情操，使其人儘量不要流於低下的人類社會階級的金字塔底層之中。隨時記得要拉他們一把。當問命者驕傲自大時，也需適時的點醒他們，以防其人運不好時又無法承受，稍一有苦處便尋死尋活製造社會問題。因此算命師不但要

顧到自己的形象好壞，同時也要顧到問命者的命格體質問題。有傷災與天災人禍時，要仔細清查命格，即早告知。不可延誤。有好的機會、好運將來臨時，也要早點告知當事者，以準備迎接好運的心情。**算命師萬萬不可只報喜不報憂**。某些算命師為了自己的人緣關係好做，或為了多得酬金，不太講問命者的缺點與衰運時間，全部都只說好的，讓問命者雀躍不已，但災禍隨至，只能怨算命師算不準了。這豈不又為算命師的名譽迎面劈頭打一耙。

問命者與算命師有相互依存的關係，相互合作，才能問命者能提問盡興，答問者能知無不言、言無不盡。這樣就能成就最完美的算命經驗了。這也是皆大歡喜的事了。

問命者篇

算命智慧王

如何觀命、解命
如何審命、改命
如何轉命、立命

法雲居士⊙著

古時候的人用『批命』，是決斷、批判一個人一生的成就、功過和悔吝。

現代人用『觀命』、『解命』，是要從一個人的命理格局中找出可發揮的潛能，來幫助他走更長遠的路及更順利的路。

從觀命到解命的過程中需要運用很多的人生智慧，但是我們可以用不斷的學習，就能豁然開朗的瞭解命運。

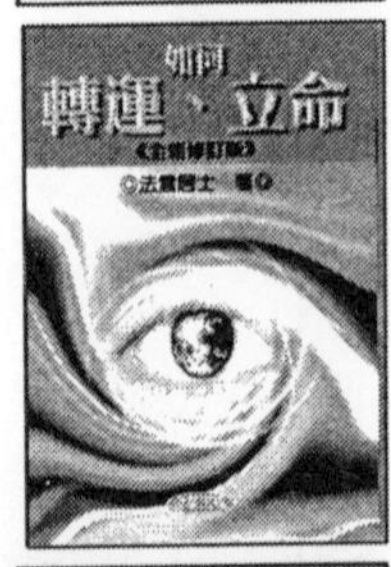

一般人從觀命開始，把命看懂了之後，就想改命了。命要怎麼改？很多人的看法不一。改命最重要的，便是要知道命格中受刑傷的是哪個部份的命運？再針對刑剋的問題來改。

觀命、審命是人生瞭解命運的第一步。知命、改命、達命，才是人生最至妙的結果。

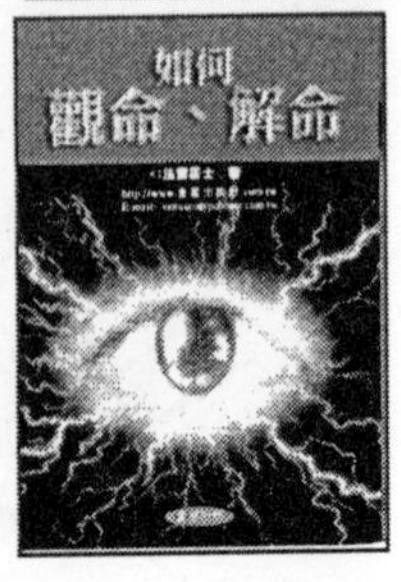

這是三冊一套的第三本書，由觀命、審命，繼而立命。由解命、改命，繼而轉運，這其間的過程像連環鎖鏈一般，是缺一個環節而不能連貫的。

常常我們會對人生懷疑，常想：要是那一年我做的決定不是那樣，人生是否會改觀了呢？您為什麼不會做別的決定呢？這當然有原因，而原因就在此書中！

第一章　人什麼時候要算命?

雖然『算命』是個古老的行業，但現今的社會中仍是有些人信算命、愛算命，有些人則不信算命。還有一些人想要算命，但害怕被騙，想算又不敢去算。又一直猶豫及在尋找一個好一點的算命老師，要找到可信賴的老師才能算呀！

由這種猶豫不決的個性的狀況，就可知道此人還未遇見大事情要算命，身旁只是有一些瑣事在煩，或是內心有些茫然，不知所措而已，也沒有什麼力量可讓他改變。他下意識中想要找人解迷津，

想找自己人生的方向。但有時又擔心花了錢找了算命師問問題，又怕不是自己滿意的答案，有點得不償失！因此會蹉跎時光，也耽誤了自己會發好運的時機。這種人是最應該算命的人了！聽聽老師對你人生的建議。也瞭解一下自己命格主貴的成份多寡，好好規劃人生，大多數人都能比目前生活過得更不錯、更好。

支援體系出問題時，你會想算命

在以前略古早的時候，大戶人家有新生兒誕生，就會替小嬰兒算一下命，看之好不好養呀！將來成就如何等等。有些人家也有請算命先生幫小嬰兒取名字的。每年在農曆年前也會請算命師幫一家人批流年，看看來年的運氣如何？要考試的考不考得上？要升官的是否有機會?家中尊親是否安康?家中太太、小姐們是否家宅平安、多福安享。這樣,每年都要看家宅的平安順利,以做為家庭中成員的共同努力目標,以為來年不論是迎旺運也好,亦或是平息弱運,做一個萬全的準備。因此,『算命師』能預見吉凶的專業素養,是對大部份家庭幸福有幫助的。

現今知識發達,大家可從書中得到一些知識。並且資訊發達,要找到人問問題也很方便。不過,你旁邊是否有這樣的專業人才能幫助你解答真正能對你有用的問題,這恐怕還是有待商確的問題。

在這個是世界上,在這個社會中,很多人是有問題而無人能幫忙解答,無人能告訴我們、建議我們要怎麼樣做才會好的。**例如:遷移宮不好的人**,例如有陀羅、擎羊的人,或有文昌陷落或破軍的人,其人周圍環境不佳,周圍的人不是很笨,就是陰險,或耍小聰明，或想佔你便宜，所以你根本不想請教他們。有時候也不想和他們(朋友、親戚)來往，因此當有問題時，你不會向周邊的人求助，這時候，找個第三者，局外人來問一下，說不定有好的答案可解決因此你會想算命了。想藉助算命老師的經驗來幫一下自己。

又例如：父母宮不好的人，例如有貪狼、羊、陀、文昌陷落、巨門陷落的人，會和父母、長輩不能溝通、疏遠，或分離，有時也是生離死別，而無父無母的狀況時，你能求助的人很少，你會想算命。因為能成為你良師益友的人實在沒有或不多了，因此算命老師也是你的支援系統之一。

有一位朋友還很年輕，父母便陸續亡故了。去年父親走後，他辦完喪事就很茫然了。有點不知所措，再加上失業，內心很徬徨焦慮，這時候他久未聯絡的親友紛紛來慰藉，並好心邀他南遷。聽起來都是好意，但那些親友最後都不忘記關心一下他父親的保險理賠金何時發放。這讓他內心很痛苦。於是跑來算命，想要知道未來的日子前景如何？工作能找到嗎？自然，命理老師可做為他最好的支援體系，一方面平撫他失親的感情傷痛，一方面鼓勵他向人生的光明面邁進。並且教導他一些應付爾虞我詐、貪婪親戚的方法。如此為他保留一些生活費不被騙掉。

還有一例：有一位在台灣一流學府唸碩士班的朋友，有一回來算命，言及和家中父母無法溝通。父母和兄弟姐妹都在夜市中賣冰。父母認為讀書無用，還不如賣冰賺錢多。家中的生意很好，父母很生氣這個不能幫忙家中生意的書呆子兒子，常破口大罵。這位很會唸書的朋友是太陰坐命的人。太陰坐命者父母宮都有一顆貪狼星，表是不能和父母溝通。有時候也會有代溝及金錢價值觀的問題，或動作快慢，或思想模式不一樣的問題產生。太陰坐命的人，是敏感細膩又脆弱的人，常常會因此而難過。

我一方面看到這位朋友命格中有主貴的格局，他的命格中有完美的『陽梁昌祿』格，但要到四十歲以後才會有旺運，未來也是不可限量的。因此勸他除了讀書仍是要幫忙一點家中生意。因為他目前也無法獨立，更沒有搬出去住的本錢，因此只有自己辛苦一點找空檔讀書。關於要到學校上課的問題，就要好好和父母或兄弟姐妹商量排班的時間，只要合情合理，我想父母會接受的。他說：父母並不喜歡他的學歷。我想這是父母不願他炫耀自己，讓其他的兄弟姐妹難堪而做的措施吧！因為其他的兄弟姐妹也是店裡的店員，真正能幫父母工作的正是這些人嘛！我勸這位朋友要忍耐，出去找工作也一樣很苦，並且會和家人決裂，感情不佳。一面幫家裡一面唸

書，辛苦一點，未來博士學位到手。可另找好的工作。那時候家人就沒話可說了。

朋友宮不好的人，你會想算命

又例如：朋友宮(僕役宮)不好的人，常有朋友來陷害，或愚弄，或說話、做事都對你不友善，你會不喜歡和他們來往。但職場上常造成對你的剋害，甚至有失業的危險。要如何對付這些害你的朋友或同事？要如何使他們不再害你，而對你好呢？這些問題可能是你的爸媽都無法幫忙你的事，所以你無人可問，就可以藉由算命來請教算命老師：『平輩運的超人氣連結法寶』。想辦法斷了這些害蟲，而根治這種『失去友善對待』的病。

夫妻宮不好的人，你會想算命

又例如：夫妻宮不好的人，感情上常受到傷害，或是對異性異想天開、太天真，亦或是其本人性格古怪，或喜歡古怪的事情，或有古怪嗜好。容易喜歡脾氣古怪的情人和配偶。最容易發生的事，就是結不了婚或離婚了。感情常不順。亦會有因感情自殺或他殺，及同歸於盡的想法。倘若身宮又落在夫妻宮的話，因感情而發的事件會激烈又悽慘可想而知了。

通常因感情問題而算命的人中，以一般上班族或酒店小姐最多。上班族的男女，多半不外乎是桃花少，結交異性的機會少，結婚遙遙無期。有些熟女、輕熟女也會有做第三者的困擾，或和上司、已婚有家室的男子有不倫戀而在愛情中蹉跎、徬徨。酒店小姐的感

情必是複雜得多了，因要用真假雙面目來執業的關係，又想盡辦法想釣金龜婿，常常聰明反被聰明誤，被男友欺騙，也自欺欺人。夫妻宮不好，人總是痛苦的！

還有一位先生結過四次婚了，仍有些困擾又想離婚，每次離婚都被配偶分去一半錢財。所幸他還很會賺錢，但心結總讓他很難過得去。於是他來找我幫忙看看到底他的問題出在那裡？

其實從流年來看，這位先生隔幾年定期會離婚，會有婚姻問題。他的夫妻宮為『右弼、天空』，有『天機、巨門』相照。表面看起來，如此的婚姻運並沒什麼不好。除了『右弼』在夫妻宮有再婚的可能之外，其人也會常常對人愈來愈冷淡。再用流年法來看，此君離婚的年份全在蛇年至狗年的六年間的年份中。這六年的流年大多屬於衰運和破耗的年份，所以他會想離婚。而從亥年(豬年)至龍年的六年間為較好運的年份，他會忙於事業，為工作而忙，無暇顧及家人，因此和妻子的磨擦小，反而感情會好一點。

最有趣的是：他四位妻子，每位都是個子嬌小，常會有小鳥依人的姿態，很喜歡佈置家庭，其中有兩位是家政系畢業的，另二位也是處理家務的一把能手。這些妻子都是烹飪高手，但他一年只有一、兩天在家吃飯。他把妻子、兒女放在美國，自己在世界各國跑做生意。當他回家時，他的妻子、兒女也對他覺得陌生。還沒熟一點，他又走了，跑生意和公司的事去了。他自己本人回家時，常有時也會覺得自己在養一堆自己並不太認識的人，看到這些人在享受、過豪華生活，而自己卻每天忙碌，像狗一樣，常暗自生悶氣。而他的妻子卻幾乎是少一根筋的，沒有發覺他情緒的變化。也都常會無預警的被提出離婚要求。每當他運氣不好時，他常是寧可花大筆贍養費也要離婚的。因為他覺得沒有感情了，不要拖拖拉拉，乾脆一點解決好了！

有一些事業有成的男性，有些感情方面的問題，為了名譽和面子問題，無法和家人、配偶或朋友商討，因此會來算命，請求算命老師以旁觀者的角度來為他分析得失。也為他找出對應方法。

錢財問題是算命的大宗

在算命問題上最多的是來問財運和事業運的人。

通常**愛問『財運』的，有幾種人，一些是家庭主婦**，因為配偶給的家用不多，而自己理財能力又不好，想希望能有些意外之財來貼補一下。亦或是想找打工機會，想知道自己能做些什麼工作能賺到錢。

還有一些是公務員，或想轉業的人，因為收入不合自己理想，想再多賺一些錢，而來算命問事。這其中也包括來問偏財運有多少及何時會發的人。

另有一些欠債欠得太多，已超出其人生命的額度，卻異想天開的想用偏財運來償還的人，會來算命。通常這種人都沒有偏財運。因此只能敗興而歸。在這些人中，有些是在股票上失利，並且是向親朋好友借貸，有些又把父母的房子拿去抵押，妄想大撈一筆，但卻人算不比天算，終歸損失數千萬元。而且仔細看這些膽大包天的人的命中，實際多半是窮命，其本命中根本沒有能擁有那麼多錢財的命。而他們常不服氣自己為何窮命。而自信滿滿覺得一定會賺得回來。當挖了一個大窟窿的時候，最後他們常以生命做償還，不是自殺以了殘生，就是病入膏肓，拖累家人而病逝，並引得家中天怒人怨。如果你的家中也有這種『天怒人怨』的人，勸你千萬要想開一點！因為你之會損失錢財支援他，在佛家來說，其時也是『共業』。一定有這樣的環境才會產生及發生這樣的事。因此你先顧好自己的生活所需，不要隨同那人一起墜入無底深淵。所以人要借錢給別人之前，先學會算點命是對自己好的。

有一些是欠債者的家人來為他算命的，多少還抱有一線希望，希望他有東山再起的機會。實際上，全都很渺茫。這些想法常是自欺欺人罷了！只有快點止血才是正途。但其家人未必聽得進去，只有一起受苦了！

也有一些自己就知道自己本命財少，而願意來請老師給予人生建議的人會來算命。**很多年前，香港有一位朋友來算命**，他告訴我說，他從高中起就開始看我的書而學算命的。他知道自己是太陰陷落命格的人，本命財不多，要靠薪水之財過活，而且薪水也不會很多。還好，他有『陽梁昌祿』格，因此努力得到高學歷。他的父親原先在香港知名大學任教，退休後便把職位傳襲給了他，因此他後來也都有了地位高的教授職位與待遇，生活得很不錯了。聽到這些，我也為他高興，接著又談了一些他在人生中要注意的事。

我常說，『人生就是千千萬萬個、無數無數的選擇』。人的命窮命富，都是在『選擇』。有時候，人只是一下子『窮』，但不要搞得『一輩子窮』。每個人也都有『旺運、富運』的時候，也都有『衰運、窮運』的時候。人要在『旺運、富運』的時候，要留有餘存、儲蓄。在『衰運、窮運』的時候以做為救濟之用。即使沒有救濟之財，或要借貸，或請人幫忙，也千萬不要有貪念多借，才不會把錢窟窿搞得更大。能忍一時之窮的人，未來都會有大成就。喜歡搞大窟窿的人，最後自己會葬身大窟窿裡。這些都是得不償失的。性格和怪怪的聰明會促使人走偏路，做了不好的選擇，這是需要自己能評估及把握的！

工作問題是錢財問題的兄弟檔

在算命內容中，工作問題常是和錢財問題相提並論的。很多人也是在手頭拮据，貧窮之後，才想找工作的。這時候，走的是窮運，當然不好找工作，於是要再多窮一會兒了。我有一本書名叫『紫微幫你找工作』。講的就是以紫微論命之法幫你找到你心中理想的工作。也是用紫微算『流年、流月、流日、流時』之法幫你找出最吉、最切確之時間，而找到工作、找到好東家。有些人喜歡做老闆，也要用『流年、流月、流日、流時』之法找到適合開業的時間點，這樣事業體才做得久。此時，更要看看大運是否好？如果是在弱運之時，縱然流年、流月好，也是濟事不多的。

這十年以來，大學剛畢業的年輕人來算工作運的人增多了，在這些年輕人當中，有些是父母的建議工作類別不受他本人認同喜歡的，因此很矛盾，想來聽算命老師的意見。自然，算命老師會根據其人命格中最高成就規格，會給予建議其人該努力的方向。有些年輕人是無人可一起參詳工作職業方向，或找到學非所用的工作，不知該不該繼續做下去的狀況，會來請教算命老師。

當然！為了工作運而來算命的，最多是已失業的人。由其在二〇〇八年金融風暴後，來算命找工作的，最多的是金融界的人，和工廠倒閉的失業者。這當然是因為社會狀況所出現的社會現象使然。這也是其本人好衰運和天體、大自然、大環境中的弱運、衰運相應和，而產生的『財窮』的失業潮。但『時間標的』一直在往前行。如果其人的命理格局還挺得住，便會很快的衰運就會煙消雲散，甚至浴火重生，發得更大、更好了。但如果個人本身的命理格局較弱，大運運程已至弱運階段，便挺不過去，其人可能會長久找不到工作，而為社會淘汰了。八字官弱、財也弱、傷官強，卻又無法生財的人是一生工作機會不多的人。不過早生子女，等待子女回哺也不錯，可安享清福。

有一些大老闆也會來算事業運。譬如說：要轉資其他行業，要看適不適合自己的五行喜忌？有時也想預估自己的事業體有多大？亦或想要知道自己的流年年份那些是吉年、財年，那些是凶年、窮年。那年是破耗之年。『破耗之年』容易破財，也要小心財運困難而倒閉或頂讓給別人。

其實在十二年一輪中，『卯、酉』年和『辰、戌』年、『巳、亥』年這幾個年份是最容易有工作上成敗起伏之年。『卯、酉』年是『紫微在巳』、『紫微在亥』兩個命盤格式的人會遇到的。這兩個命盤格式的人，也是社會人士的大宗人口。因此要小心守住家業或工作。『卯、酉』年還要小心走『武殺』運的人，是『因財被劫』的格局，事業也要小心。『辰、戌』年是『紫微在辰或紫微在戌』命盤格式的人，又是己年或辛年生的人，有『破軍、陀羅』或『破軍、擎羊』流年者，則容易破財、倒閉或失業。

『巳、亥』年，則是『紫微在丑、紫微在未』兩個命盤格式的人會碰到的，也要小心衰運而事業失敗，或人緣不佳而沒有發展機會。

有一些老闆事業擴大時，會來算自己合夥人、拍檔的命格。想要知道是否能合作長久。或對方是否是對自己有利的人。有時候，老闆也會算自己身旁親近員工的命格，看看能不能提拔他，為自己賺更多的錢。同時也看看此人的企圖心有多少？能不能成大器。當然更重要是要看此人會不會妨礙老闆的事業體或是否對老闆有害、相剋。據我所知，有些公司的老闆在招募員工時，是請算命師直接在現場另一個房間中批八字，看命格而取用的。所以呀！現代的父母們，為了你子女將來的事業著想，生產子女時，最好要把子女的八字生好一點，這樣他才有機會出人頭地和別人競爭。**而能生帶財子女的竅門**就是一定要在自己好運時才懷孕，否則就心想事不成了。

還有一些人事業運、工作運不佳，要算命，是因為出生年的問題所致，**譬如說甲年生的人**，會有太陽化忌在命盤中，必會有事業起伏、工作不長久。如果太陽化忌居陷時，找工作很困難，有些人會長久不工作。又例如說：**乙年、庚年生的人有太陰化忌在命、財、官、遷、福等宮**，也會工作起伏多又大，工作不長久，常換工作，稍年長時便不工作了。又例如說：**壬年生的人**，有武曲化忌在命格中，本命財少，又多錢財是非，常有欠債及財務窟窿大，一直想找賺大錢的機會，也會工作一直換，做不長久。窮運時，更會突然失業、受苦。自然要算命，要找出致富的方法出來嘛！

另有一些身宮在官祿宮，或身宮在財帛宮的人，特別愛算命。因為身宮在官祿宮的人，特別愛工作，有時不知自己是否入對了行，因此愛算命，以增進自己的事業運。身宮在財帛宮的人特別愛錢，

凡事以金錢衡量，有些人財帛宮又不佳，常財窮，又愛錢，這真是天大的折磨了。但他又不知問題出在那裡？因此要用算命的方法來得悉自己的財富到底在那裡？以慰心靈的空虛折磨感覺。

田宅宮不佳的人，也愛算命

田宅宮是人之財庫。它可以看出人的很多事情。例如房地產有幾棟，得不得的到祖產、父母遺產，以及自己的錢財存不存得住。房地產的外觀長相、美麗與否、內在整齊與否。以及家中人相處情形是否和善、相親。以及家附近的狀況。和自己擁有房地產的價值。

田宅宮更代表男人蓄精之所及女人的子宮，因此不婚及晚婚男女皆可從田宅宮的好壞看出不婚及晚婚端倪。以及未來會不會生育子女的問題。有一些有生殖器官的癌症或病變的問題，也可由田宅宮看出。都非常準確。

田宅宮不好的人，老是存不住錢，家中的是非又多，要花錢來解決問題的問題份外多。家中人也不合作。因此耗財更凶。此人也會家無恆產。縱然已買了房地產也會失去、賣掉。

多年前，有一位來學紫微斗數的學生問我，她的田宅宮中只有一顆地劫星，代表什麼意思？是代表沒有房地產嗎？我答：『代表房地產會因某事而被劫財失去。』她的名下已經有房地產了，怎會說沒有房地產呢？又如何會失去呢？她非常不高興。

這位學生的田宅宮是地劫，對宮(子女宮)是紫微、貪狼。表示目前雖有，但是只暫時在她名下而已，很可能婚姻問題不穩定時，就會失去了。因為對宮相照的紫貪，亦代表與房地產無緣，但可住漂亮房子，而房子不是他的。看命、看運是整體來說的，由其是房地產的有無，是以其人的一生、一輩子中大多數的時間而定，並不是只用少數的一、二年來看，因此，要斷定其人一生的房地產多寡，要取年輕、中年、老年時的各時期的平均狀況而言。通常有如此田宅宮的人，在三年間便會無房地產了。因此要小心，而不是和老師嗆聲便能保住房地產的！此人最終也會家無恆產，而過苦日子的！

田宅宮也是代表製造荷爾蒙的所在。田宅宮不好的人，荷爾蒙少。比較不會有異性緣。因此要交異性朋友或婚嫁都較辛苦，這種問題在八字中也會展現傷剋問題。通常不能生育的人，都算傷殘人士了。這在命理中，算是嚴重的傷剋問題。目前不為一般人知道。還常說：『這有什麼關係？』有些父母常沒照顧好小孩，以至於小孩的生殖系統較弱，未來在生育方面發生問題。其實更嚴重的是：其家族再不過一、二代便會無法生育而滅族了。其父母還在沒關係！沒關係！實在讓人捏一把冷汗呀！

很多人是因為來算命之後，才知道是本人的田宅宮不好，而產生的問題。例如：有一位在中部開大酒店的老闆，來算命的時候陣仗很大，隨從很多，羅列跟從者，彷彿非洲國家的國王一般。但坐下論命時，又支支吾吾的不乾脆，不知他在問什麼，搞了半天，是因為總是存不住錢財，雖生意做得很大，表面看起來賺得很多，但花錢的地方也很多，到處是窟窿，因此來算命看看有什麼方法能堵住漏財的洞口。

這位朋友是七殺做命寅宮的人，其田宅宮有『太陽、陀羅』。本來有祖產所留的大批房地產也被他做生意陸續變賣。更糟糕的是長年喝酒，肝腎功能都不好，已失去生育能力，正應了他的子女宮有巨門化忌的格局。目前他雖有一個年輕的女友在家中幫他侍候年老的父母，但他並不想跟她結婚。

這位朋友一直要我為他想辦法堵住耗財的缺口。但由命理上看來，此人的財庫和子息的傳承息息相關。很多『天生耗財』的人也大多如此。如果要堵住耗財的缺口，只有把田宅宮(財庫)補好。如何補呢？就是把家庭正常化，快點和女友結婚，快點生子，組織正常的家庭。一定要有活潑的子女在家中跑來跑去，便能堵住耗財的缺口了。你的錢就只會多花在家裡，而少花在外面了。如果已生不出小孩的人，可以領養小孩。最其次的，可常請親朋好友的小孩來家中玩玩跑跑，也多少有效一點。另外，也有人養貓、養狗來代替子女宮的小孩之數的，如此我便不知道是否有效了。會不會及喜不喜歡養小動物，雖然也是看個人的子女宮的好壞而言。但貓狗等小動物無法替你傳宗接代，因此不在命盤盤局及人生運命之子、田二宮的把關之手。我想養貓狗，只是感情的抒發，是無法堵耗財之缺的。

有些正年輕的男女，一直沒有結婚或結婚了卻多年無子，來算命卻發覺是田宅宮不好，女生子宮有病變，而一直沒有交到男友，這是天生荷爾蒙少的問題所致，有的男子結婚多年無子，是因為田宅宮不好，精蟲少，而無子。須要做精蟲分離術，才能受孕生子。算命可看出其人的先天性疾病，再直接針對病症利用現代科技醫療，就自然可改善命體和人的真活的身體了。**所以算命根本也是一種治療人命運的醫術**。有些原本人外觀看不出的病症，但因為在生活上已產生問題，即可藉算命預先瞭解，再加以改善治療了。

疾厄宮不好的人，要先算命，維持健康，才能長壽

很多人還沒生病時，並不知道自己的健康不好，一直到檢查出來，或病倒了，才知道自己原來會得病！

其實命理學上把健康狀況也當做人命的一種『財』。是一種天生的資源。這也是在出生時就早已註定的。這種天生的資源在出生後的一段存活時間中會不會好好經營健康，其時也由其人天生性格與周遭環境而決定。由此便知道何時是健康問題會爆發問題的時刻？以及會生什麼樣的病症了。

例如說：疾厄宮有天空或地劫的人，會生癌症。只是早晚發作的狀況，或會生什麼樣的癌症，要看同宮的星曜而定。父母宮有天空、地劫的人，也會得到遺傳的癌症，或由遺傳而轉移其他器官的

癌症。因此都要小心，算命師會勸你多買醫療保險，以防須醫療時能有所幫助。

又例如說：有八字上土多火重的人，在疾厄宮中也必有火土重的星曜存在，常有肝腎不好及糖尿病的問題。在台灣有許多人洗腎，就是火土重的問題所致。這些問題在疾厄宮都看得出來。前些時候，我寫了一篇有關『麥克．傑克森死亡之謎』的一篇文章在網路流傳，這位麥克仁兄也是因為本命火土重，而有肝腎不佳的問題，又大量注射及服用藥物而一命嗚呼。

很多人沒辦法得知自己命格的缺陷，無法瞭解自己身體的極限，一昧的蠻幹而傷害自身，這是非常可惜的事。如果麥克能找到一位好的中國命理師，為他解說她身體及生命的極限，告訴他為何這麼心悶，以及解決之法。這位一代巨星便不會如此早亡了。不過，這也是命，性格決定命運，頑固也決定命運！

父母宮不好的人，更要早算命，好找出活路

有一些人父母宮不好，幼年便失恃失怙，沒有了父母，寄人籬下的長大，十分可憐。有一些人父母宮不好，父母還在，但從小對他冷言冷語，或打罵教育，不給家庭溫暖。還有一些人父母宮不好，父母有精神疾病(有時家人還不瞭解)，對子女拿刀追殺，十分可怕。還有一些父母把子女當商品，用騙婚的方式把女兒賣了好幾次。但最多父母宮不好的人，就是父母離異，把他丟在外婆家，父母都不見了。有時隔幾年也能看到母親，但她已是另外好幾個孩子的媽了。

以上種種的故事，都是我多年以來算命時所遇到的故事。

總歸結一句話，『父母宮不好』就是你要早點離開父母，要早點獨立門戶，自立更生的意思了。因此，父母宮不好的人不要自怨自艾，早點算命，早點找出自己人生的方向，與自己天生的潛能出來為自己開創另一條康莊大道。有道是：『天生我材必有用』。上天給了你生命之『財』與『才』，就必有大路任你行！因此，尼采所說的：『痛苦的人沒有悲觀的權力』就很適用於你了。

自古以來，中國講求孝道，故有『天下無不是之父母』之說。因此父母加諸子女之痛苦，可能至今仍無法用常理來解決。還有就是血緣與親情間交織的愛恨關係，這也是家庭問題中最難解決的一環了。

很久以前，有一些父母會拿著小孩的命盤來問我說：『**小孩的父母宮不好，是不是這個小孩會剋父母？**』他怕得要命。我說：『父母宮不好的人都是父母剋他，父母對小孩不好，他又如何能剋父母呢？並且把這件事寫在書裡，這些年便不再有父母來問這種事了。

父母宮不好的人非常可憐，從小得不到父母良好的照顧，甚至其人的長輩運緣份皆不佳，也就是說得自上一輩所傳承的知識經驗或財產也都斷絕了。因此先天資源就變少了，再說，他們也很害怕跟長輩相處，也不太會跟長輩相處，凡事要自力更生，十分辛苦。未來在分財產方面，也會受到父母的偏心，少分財產。相對的，這些父母宮不佳的人對自己的父母也少有孝心，或『子欲養而親不待』，或是遠離不在一起生活而感情淡薄。

常常有一些朋友來算命，希望知道何時會升官、升職、加薪，雖然這些事是他所渴望的事，但都容易失望很大。有一位在區公所工作，年紀快屆退休之年了，還為了一些升職的事生氣，來找我探個究竟。原來，所內每個升職的職缺，總有空降部隊前來填空缺，要不然由上面指派工作，絲毫不讓他們這些下屬知道。他有時看準了某些高階而送禮，但結果仍不如理想。眼看要退休了，還是沒法升一級，心中很是氣憤。其實歸根究底，還是父母宮不好，沒有長輩運、上司緣。無法得到上司提攜，上司寧可用外人也不會用他。再說他自以為送了禮，可保萬全。其實他根本不瞭解上司的心態，常常拍馬屁拍到馬腿上了，也說不定。是故，根本得不到力挺的上司，又如何能升官呢？首先他便摸不清上司的心意了呀，只好時時自怨自艾了。

倘若你的父母宮不佳，又想升職加薪，最好要多學習那些父母宮好的人，能得上司喜愛的人的言行動作，多觀察他們如何和上司老闆相處、相應和、自己先不要被嫉妒沖昏了頭，先要了解別人的

方略，才能設定自己的方略，也才能成功。當然，你如果缺少了軍師、參謀的話，算命師也是你最好的支援部隊可以利用的了。

福德宮不好的人，須要算命及多休息

福德宮不好的人，有很多種，有一些是終日操勞辛苦，賺不到很多錢的人。還有就是終日東想西想無法睡眠的人。這些人常煩惱不停，須要算命，由算命師告訴他們要多休息才會有福氣及錢多。一般家人跟他們講，他們根本聽不進去，也不會理睬，因為他們自以為智慧高，別人是很難說服他們的，只有算命師的話，他們會聽、肯聽，會對他有利。

還有一些福德宮不好的人，會生躁鬱症、憂鬱症。有些這種精神方面的問題表面上是潛伏的，其實也早是與生俱來的了。只是大家不知道而已。例如福德宮有『火星、鈴星』以及命宮有『火星、鈴星』的人，都會有躁鬱症的傾向。而福德宮有『天空、地劫』雙星一起於巳宮或亥宮的人，會有憂鬱症或精神耗弱等精神疾病，這些在命盤中都會展現，早期看出來，早點預防，勿使其人受到太大的刺激，精神病、憂鬱症、躁鬱症也許不會發作。否則則會造成家人的負擔與痛苦。

還有一種常見的福德宮不好的人，就是福德宮有擎羊的人，該人的命宮必定有陀羅。其人會有精神上的折磨，常為了一點小事過不去煩惱揪心，有時候會自殺或衝動殺人。能及早看到命格，加以開導，便能預防此事。再加上命宮有陀羅的人，不相信自家人，喜歡相信外人，因此勸他去算一個命，便能解救他一命了。

命宮好的人喜歡算命，命宮不佳者少算命

大家也許會奇怪，我說：『命宮好的人會多來算命，命宮不佳的人卻少來算命。』這一點，大家一定想：有沒搞錯？

其實，一點都不錯！在我算命生涯中，所算過最多的命格是紫、廉、武的命格。其中又以紫微命格的人數最多。像是紫相（紫微、天相）、紫貪（紫微、貪狼）、紫殺（紫微、七殺）、紫破（紫微、破軍）、紫府（紫微、天府），以及紫微坐命子宮或午宮的人。

為什麼紫微的人愛算命呢？紫微命格的人不是凡事都受到好的待遇，凡事都能逢凶化吉，沒啥大礙嗎？為何還喜歡算命呢？

其實！大家不要搞錯了！來算命者並不是一定是有了大麻煩或為『窮』命而算命的。再命好的人，也會有運氣起伏上下的時候，當對某些事不瞭解時，便會想算命了。事實上，我覺得紫微坐命的人很聰明，他們的慾望也大，常先一步便感受到運氣的些微變動，而先找人預先計算了可以掌握到的先機，於是常常站在勝利的高峰。有時候你會覺得他的運氣真好，但背後他也是有努力的。再則紫微命格的人桃花多，慾望多的人桃花就多，常有些桃花問題要解決，或是要找人分享。紫微命格的人很謹慎、穩重，他們不會隨便跟人討論。因此算命師是最好的諮詢者與聽眾。算命師基於職業道德，不會把客人的資料外洩，又能提供好的解決方式。因此受到他們的歡迎。

再則，紫微坐命的人，對於自己命宮那顆紫微星為帝王星深感驕傲，喜歡外露顯現給人看。還有，許多紫微坐命者對身為帝王星坐命，卻沒做帝王，甚至只是中階職等，煞是不解，一定要來算命看看自己的人生是那裡搞錯了？

還有紫微坐命者大都初生的家世也不算好，這也是讓他們不服氣的事，有些人的家中，父母、兄弟姐妹還不合，家宅不寧、兄弟姐妹及父母的層級皆不高。常有讓他們難以接受之感，當然想刨根問底來瞭解真相了。

在紫、廉、武一組命格中，最可憐的是壬年生的人，因為壬年生有武曲化忌，必有金錢困擾，也會使紫、廉、武的命格之人的命格等級降到所有的命格等級、財運之最低等。也是屬於窮的命格。

當這些人有金錢上之痲煩，被人追債時，很無奈的會想來算命，尋求支援。但通常他們的問題都是不會理財，花錢沒有精算，進財又不多，錢財進銷之間有了很大的差額所致。

武曲坐命的人算命，多半是自以為會為大富翁，但仍沒達到，

或是與偏財運有關之事。尤其武貪坐命者，最關心偏財運與暴發運了。因為那就是他們本命的架構嘛！如果暴發運不發，或是發少了，那都是很悶的事呢！

廉貞坐命者，最喜歡營謀一些事情，他們常常會與算命師來討論擴展事業或人脈之事。某些此命格的女性則是感情問題與桃花糾葛要解決而來問事。因為廉貞本來就是個大桃花星之故嘛！

命宮不佳者為何少來算命？

命宮不佳者，例如：擎羊單星坐命、陀羅單星坐命、火星單星坐命、鈴星單星坐命、巨門單星陷落坐命、天機單星陷落坐命等等。這些人很少找算命師去算命，至少我算命數十年來沒碰到幾個。但我想：他們一定先上網印命盤算命，偷偷的算。因不喜歡別人看到他們的命格，指指點點，而且又怕算命老師說出什麼不悅的事情出來，而讓他們難堪。其實，都是客人嘛！算命老師也不該如此不上道吧！

命宮單星不佳者，常會出爾反爾，說話不算話。常常約好了時間要來算命，結果又沒來。紫微論命是要做命盤、寫命格內容及注意事項，再加上批八字等種種內容的。因此常白做。這些人中也常藉著身體傷殘而來詐騙。

命格不佳的人，其實最大的敵人是自己。命格不佳，常是反應在其人思想上和常人不同而產生的刑剋，而這些刑剋首先會使自身受害。例如：擎羊單星坐命的人，會對人處處懷疑，總覺得別人對自己不夠好，他們較自私，希望別人全都是寵他讓他，只對他一個好的人，不喜歡聽別人糾正他的話。因此長久以後，別人就不會再對他說真話了。而且不知情的人，對他說了真話之後，他就會大吵大鬧的，也讓別人害怕而閉嘴了。

命宮有化忌者並不一定命不好，也有好命者

命宮中有化忌的人，像是乙年、庚年生有太陰化忌（**請注意：**本派庚年為太陰化忌、天同化科）。如果主星居旺帶化忌，只是其人偶而有思想混亂及感情上有煩惱而已，並無大礙。像馬英九總統就是太陰化忌坐命亥宮的人，日本大導演黑澤明也是同樣的命格，只是常有情緒不佳的時候，一生也都成就到大事業了。

命宮有化忌的人，常會頭腦不清，有時候是非糾葛也會讓他們

為了一點小事而煩惱不止，糾葛一段時間，走不出來。最近電視上有一位男性算命師正火紅，此人便是太陽化忌入命宮的人，非常有意思！真不知當他走到太陽化忌居陷運時，自己都煩死了，要如何為人論命？我們也常看他在電視上口沫橫飛，言論有待商確。不過，他是從藝人轉戰命理圈的，也就為他這樣的經歷只是耍寶演出，而不須苛責了。只是不明究理的觀眾要找他論命時，只要沒有受騙的感覺就好了。

你看人生中有這十二大類的事，每一件都是人生中最切身關己之事的問題，那一件不是須要自己煩心的呢？但是在這世界上，有些事並不是都能與家人、親人商量的，這時候，有一個旁觀者清的人來幫你參詳斟酌一下，豈不是天下一大好事？但是你要選對算命師，下面就教你如何判斷算命師的好壞與專業與否？

第二章 先設定自己的問題再找算命師諮詢

上一章講的是人生在什麼時候會找人算命。這一章要講的是要如何看待自己的問題？又要找什麼樣的算命師諮詢較好？

首先要先弄清楚自己的問題是什麼？

在要找人算命付諸行動之前，所有的人都有一個原由，才會付諸行動。有些人失業了，想要知道未來的前途狀況。有的人面臨離婚問題，想要算以後狀況。有的人有感情問題，或配偶外遇問題，想要知道另一個人會不會回頭？有的人要考試，想預知考運如何？這些種種，當然都早已知道問題的題目了，也早已煩惱千百遍了，自然直接找到算命師，直接問就好了。

但是，有某些人的問題並不明確，有時候像是有問題，又好像沒問題，其實內心又有很多問題。或是內心有很多問題，但與算命師會面之後，又難於啟口，於是口是心非，言不及義的問了一些事，草草結束。如此這樣，豈不是內心又會有些不甘心呢？你如果想怪算命師算不好，諮詢不夠精準，這恐怕也是強人所難了。因為你的問題都沒提出，又會有什麼答案呢？

多年前，有一位自稱在南部大學任講師的已近四十歲女子來為自己的官非算命，當時很急，因為要馬上出庭了。但見面時，此女子一改急性子，態度從容的說：官司已解決了，只稍稍談了一下官司的內容，是幫一位不熟的人，那人在學校對面開超商，須要銀行貸款做保，而她覺得要幫助年輕人，因此義不容辭的幫忙做保，但沒幾天，那年輕人便捲款而逃了，超商也頂讓了。於是此女遭法院追款、追訴。

由此女的命格看來邪淫桃花特重，非比尋常，而且想必她與那男子關係匪淺，這只能算是『桃花劫』罷了。這位女子可能覺得吃這個虧很丟臉，非常不願意談及。因此就談些她未來發展的事，與未來對象選擇的事情。每當提及到她命格中有桃花過重的問題，她都避及，由此可見，因桃花敗事的問題可能也不只一樁了。當時我在想此人一生最大的問題在於『桃花敗事』，她又不願意聽，那今天到底是來問什麼事的呢？果然，論命後數天，她打電話來說，好像當天沒問到什麼問題，想再來一趟。

像這位女子，她是廉貞坐命的人，內心有很多算計，又會受情色控制，但又怕別人會笑她『賠了夫人又折兵』，所以總是支吾過去，言不及意，我想她再走十趟也未必會把她真正的問題『那人有可能還錢嗎？』的問題問出來的。

所以說，算命最重要的事，就是：你的問題是不是具體？是不是敢勇於說出口？當然，這也牽涉到你是否對這位老師的信任度的問題啦！以及其本人的自我防衛心的問題了。不過，我建議這類朋友，在你還沒準備好之前，先別急著找人算命。等想好了，確定算命老師要幫你在哪方面做預測時，再去算命，這樣或許會比較切確的接近你要的答案也說不定。

還有一些人要算命時，會把自己的問題複雜化，常常說了一大

堆，其實只是單一的問題。這也許只是其人的頭腦思想較雜亂而已。

不過，先把自己想問的問題寫下來，再看幾遍，便知道自己的問題是否會一直在重複？或是否會問到中心點了。

預先把想算的事情做分類

當自己想算命時，先想一想自己想問的事情，是屬於那一方面？這樣子最好！未來和算命老師談的時候，較會節省時間，也容易早點導入正題，把問題分析得透徹。

例如說：沒結婚的人，想問姻緣，這屬於感情和婚姻的類別。想問離婚的問題，也是感情和婚姻的問題。

想問工作和財運，這是事業運和一生財運的問題。想問偏財運，這是一生財運問題。想問職場的人際關係，這也是與工作運和朋友運相互影響的關係。用『工作運』或『朋友運』來問，都可以。如果有打官司或被人告訴事件(統稱為『官非』)，要看運氣好壞，有些人也怕有坐牢之災，會問：會不會坐牢。不管是你告別人，或別人告你這些都在『官非』的分類項目中。

已決定結婚就不用合婚

有關男女朋友看適不適合，要在剛認識可以分也可以合的時候才可問算命師。**切勿已論及婚嫁再來問算命師**。有一些人已排好結婚日期了，卻去找算命師合婚，自以為遵循古禮。這是非常好笑的事情，這時候就不必再來『合婚』了。『合婚』主要是看要結婚的雙

方八字及性格是否相合，是否對彼此有利？某些已不被家人祝福的新娘、新郎，還要合婚，這是完全不知『合婚』之意，這是浪費金錢而已。事實上你們只喜歡聽別人說好話，但真實生活中已有極大裂痕，未來婚姻狀況是否穩定，是不可而知的。

結婚時，有沒有『合八字』，其實並不重要。由其是夫妻宮有鈴星、火星、巨門、化忌、擎羊、陀羅等星的人，其實你都會找到脾氣古怪的人結婚。如果你自己脾氣也怪得和配偶合拍子，這也算是天作之合了。如果還未到結婚日就天天吵架，或勾心鬥角，那也不用『合八字』了。也必然合不上的。在這個離婚率很高的時代，我們幾乎看不到能長期爭鬥而白頭到老的夫妻吧！

又有一些不知自己所選擇的配偶是好是壞時，想要『合婚』瞭解一下。其實這也不必了！算命師一聽你們已決定要結婚了，便不會說不好聽的事了。因為照常情來說，算命師是不會做棒打鴛鴦的事。

其實，夫妻配偶，只看性格及價值觀，理念上能不能相互配合？講得難聽一點，**是『彼此合不合用』**。合用者為佳。例如：丈夫很小氣，妻子又很愛錢(身宮在財帛宮)，這兩個人很可能相合，彼此就合用了。但如果丈夫小氣又不愛工作，自私自利。妻子愛錢，又不會理財，卻花錢如流水，家事也不管，這兩個人就彼此不合用了。

我常說：人之配偶，其實就是其人感情之投射。你的配偶住在你的夫妻宮裡，夫妻宮裡有什麼星，就代表你的配偶之長相、性格、未來事業好壞、錢財多寡。也代表你們相處的模式。婚姻快不快樂？感情融不融洽？未來會和什麼樣的人結婚？從夫妻宮中便會一目瞭然。因為夫妻宮就代表你自己內在的感情模式，你會循著這個感情模式去找人做你的配偶。即使你再婚十次，也多半找到某些性格大致類似，而面孔有略微差異的人。有些人找到的前後配偶會連長相都有些神似呢！

美國影星玉婆伊麗莎白・泰勒先後結過八次婚。她的夫妻宮是七殺。所以他所選擇的對象都要是很會打拼，工作上要有成就的人。你看有名演員李察波頓、棒球明星、鉅富等等，每結一次婚，就能得到又大、又多的鑽石，富可敵國呢！

另外，也有一部份人，不多，會因健康問題來算命，**例如：**如前面所說疾厄宮有天空、地劫、擎羊，確實也檢查出癌症或肝病了，想來問治癒的機率與壽命多少？

有些時候，人在生病時，會自己嚇自己。一聽說自己得了癌症，便像一下子被判了死刑一般，晴天霹靂，痛不欲生了。但是現在科技醫學發達，癌症並不是絕症。再說人還有『命數』，請算命師看看『命數』，說不定和敵人共舞的歲月還長呢！但一定要和醫生合作，與選對醫生，才會對你有幫助。**有一套選好醫生、適合你的醫生的方法**，我在『法雲居士』的網上常公佈。在拙作『紫微命格論健康』一書中也有提及，讀者可參考之。

風水和磁場問題

另外，有些人有家中風水的問題，和家人間磁場相處不合的問題。或有祖先牌位的問題。皆可單門獨類的提出，向算命師求問。

每個人一出生就有自己獨特的磁場方向。有時候會和家人相同，有時候就不一定相同。**例如**：冬天生的人與夏天生的人，磁場就不一樣，人的磁場方向就是人之喜用神方位。當你和家中某個人的磁場方向不一樣時，就可能會發生衝突、不合。如果相同則會相合，感情好。自然的，夫妻也有這種問題。有時夫的吉方為北方。而妻的吉方為南方。當買房子時，到底門要朝北，還是朝南？常爭吵不休。其實很簡單，只要看房地產要用誰的名字購買登記，就用這人的喜忌方位就可以了。**例如：**這次用妻的名字登記買屋，就選朝南座北的房子。下次用夫的名字買屋時，就選座南朝北的房子，便萬無一失了，都算是吉向、財向。都能聚財了。

至於那個不合自己方位的人，要如何在這個房子中居住的問題，只要你睡覺時，躺下頭朝的方位是吉方，也自然會睡眠安穩、精神充足。至於大環境的門向問題，有一方就要忍讓了。常常一個家庭中會以一家之主的磁場方向來定奪。那將來為了家中子女要和父母磁場相合，最好也生喜用神相同的小孩。這樣一家人就容易和樂相處了。

算命智慧王

法雲居士⊙著

這本書是結合紫微斗數的精華和手相學的精華，而相互輝映的一本書。

手相學和人的面相有關。紫微斗數中每種命格也都有其相同特徵的面相。因此某些特別命格的人，就會具有類似的手相了。當紫微命格中的那一宮不好，或特吉，你的手相上也會特別顯示出來這些特徵。

法雲居士依據對紫微斗數的深刻研究，將人手相上的特徵和命格上的變化，一一歸納、統計而寫成此書，提供大家參考與印證！

第三章　要找那位算命師來幫你算命？

算命師一直是中國人的每個家庭中最好的支援系統。有時候家中小孩不乖、不喜歡唸書，找算命師看看，便知道原因了，就此改正或變換其環境也能使小孩改好。我就為很多家長算過很多小孩的命，有時是為了升學考學校的事情，有時候是為了子女和父母頂撞不和，有時候也是因為父母發覺小孩交了壞朋友。所以這些重視子女、重視教育的父母們會來為子女算命，來幫子女一把！

子女不聽話，或和父母不和，有時是行運的問題，有時是環境改變的問題，無法適應。行運的問題：例如小孩走『破軍運』時，多半言行舉止誇張、不馴，其實大人們走此運，也有此現象。走破軍運，花費大，耗財多，也會交往另類朋友，對讀書有煩躁感，好動不耐靜。很多狀況自己無法控制，又喜歡發脾氣，說話大膽，沒規矩，做事常不按牌理出牌。當子女逢此運時，父母煞費心力，但仍要多體諒。等到子女過了這個運氣，他就會對父母抱歉，很後悔了。

因此，當你是為子女問題而算命時，所要找的這位算命師自然要有對小孩瞭解，對教育瞭解，最好有學校教師資格，有曾教過小孩的經驗背景的命理師是最能為你解決子女教育問題的老師了。

有些家庭中有子女不合的問題，子女常吵架，但又不見得他們兄妹感情不好，但常有爭執，常令父母煩惱。這時候你要找對家庭中親人相處模式有經驗、有研究的人，此人最好也要懂得一些陽宅風水，即可輕易解決。我的親戚中就有此狀況的人，小孩們的媽媽常來我處訴苦，有時還一把眼淚、一把鼻涕的，看起來不是大事，但還是有點麻煩。有一天就認真替他們解決這個問題了。

我發覺他們家的妹妹常受傷，每天兩眼惺忪睡不醒似的。那位哥哥每天氣鼓鼓的也不開心，兩人隨時會爭吵不休。我研究了一會便決定讓他們兩個換房間住。相鄰的兩間房間，兩人左右調換了一下。從那時起他們便沒吵架。自此以後妹妹臉頭的傷災也沒有了。兄妹倆感情也好了，相互幫忙功課。親戚說：真是神奇！

其實，也沒什麼神奇的！知道命裡的人就會懂，這是喜用宜忌的問題。『喜用』用對了，自然對人有利，而不再爭吵了，也會少傷災了，大家就和樂了。

有些家庭中有婆媳不和，或妯娌不合的問題，有些年輕媳婦想找算命師請教應對招數。有良心一點的算命師，應以家和萬事興為理念，好好幫媳婦化解心中怨恨，再以性格分析之法，好好幫忙把婆婆的、妯娌的性格做分析，自然可以個個突破，改善及建立良好關係。

通常婆媳不和的人，多半是其人父母宮較弱或不佳的人。例如父母宮有貪狼星，或父母有有天梁陷落等等，以至於此人不善於和長輩相處。某些女性也會對自家父母好，對婆家的長輩冷淡，這種人在內心上常劃分地域，分你我，要她改變很難，但只要維持在某個層次階段，也就勉強算是幸福了，不要要求太多，以免衝突增多。這時候你需要一位良好的心理分析師的算命老師，他會教你一些小撇步、小竅門來化解婆媳、妯娌之間的尷尬場面。

學術有專攻，算命師也有專項才能

在我們要找人算命的時候，最好也先考慮到算命師是否有解決我們這項問題的才能？

算命師既是我們生活支援系統的一環。自然首先算命師就要像個醫生，能來幫我們治療命格傷缺的部份(用喜用神治療)。也會治療我們環境不好的部份(用風水改善)。亦會教導我們在人際關係上的改善，以及在工作、事業上逢到競爭力、相剋狀況時的阻力問題。以及如何展延本命的財來創造更多的財富，可供今生享用。

有些朋友在感情上受到創傷，例如與家人不合，或男女感情問題受創，都須要類似醫生般的算命師的鼓勵、撫慰而能走出傷痛過正常的生活，重新對人生拾起信念。因此算命師要做對大家最能體

諒又撫慰人心的心靈治療師、心理醫生的地位。

這種會安慰人心、能安撫人情緒的能力是一種天生的能耐。也並不是一天兩天就能學會的。算命師也是一種服務業，必須有好的耐性才能做得下去。首先就要看此算命師有無耐心聽來求問者的問題。繼而要看他對待人之問題的態度如何？

一般人面臨離婚問題時，會想要找算命師算算。其實是找算命師幫你分析：『這個婚該不該離？』或『在離婚中產生財務問題，這些麻煩解不解得開？』這時候你就非常須要一位有法律常識的算命師，能告訴你一些法律上必須遵守及行得通的事情了。

有一些靈媒型的算命師也會用前世今生的故事來導向你的問題，有時候會使之更複雜。有時候，有些來算命的朋友，會問我：『靈媒可不可信？』我對此不予置評。因為我一向以陽世間的事為主。

對陰間之事不熟，未能有所意見。我覺得，你要是信，就信！要是不信就不信。關於信仰方面，現今的社會，此種自由度都很高的。如果你要問陰事或冥婚之事，找他們也沒錯。但要問陽世間之事，還是以陽世間之算命師較合時宜吧！也會較有人味一點的！

所有的算命師也應該像大學醫科一樣，一、二年級先學基本醫學，後來才分外科、內科、婦產科來專攻。**命理師最先要先學好論命的基本功**：例如：是以紫微斗數或八字來為人算命，還是以易卦或鐵板神數，或九宮或六壬神課來為人算命呢？不管是那種方式學問，都要十分精熟。不可當著客人的面前，還一面翻書，一面看病論命，這不但是非常不禮貌之事，同時也暴露了此人學識未精，有不值得人信任的一面！因為有來算命的朋友告訴我說，他去某位在電視上很有名的算命師處論命，結果在那位算命師的桌上還放著我所寫的紫微命理教科書，還不時的打開翻閱查證。讓這位問命者覺得倒不如找這本教科書的作者來算命較好！於是轉向我處再論命。試想：我們如果找一位醫師看病，而那人還捧著一本書在查詢，我們會不會擔心這個新手醫生會不會有誤診之狀況呀！

雖然我們也很尊敬這位新手醫生有好學不倦的精神，但是不是該更敬業一點，先把書讀好，功夫練好了，再上線服務，這樣才對得起求醫者呢？所以那位名不符實的算命師也是一樣的，應該先練好功再來為大家服務，否則要收高額的算命潤金是讓人恥笑的！

目前台灣及全世界並沒有很好的對命理師的檢核制度。這是讓人詬病，也容易讓不法者或陳倉爛穀的人侵入，染指這個業界。環境既是如此，只有欲算命的善良百姓要好好睜大雙眼來選擇值得你信賴的算命師了。

以前，我曾跟一些算命師的同行聊天，看看他們對一般人算命的問題有什麼看法？

一些老經驗的算命師（多半是江湖派的）告訴我：以前要算命的人，多半是感情問題和錢財問題居多。現在比較不一樣了！問題內容多樣化，還有新鮮問題產生，讓人目不暇給，有時候覺得，再過一些時候，搞不好那些新新人類登場為社會主流之後，搞不好我們都聽不懂他們的專用語呢！

這些老經驗的算命師又說：以前的人以感情問題來算命的人多半是酒店、舞廳的小姐，感情離離合合、吵吵鬧鬧、或為了想釣金龜婿想算命。現在男女關係開放，感情問題中還有同性戀的問題。結婚、離婚的速度也很快，算命師提供的服務常是提供解決方法。例如提供一些法律問題的協助諮詢，或是求職、升職的竅門與撇步，亦或是為想婚者提供增加桃花的撇步。在現代的家庭問題的比重也增大了。很多家庭不合的問題。父母、上一代及下一代、夫妻配偶、子女教育問題、朋友及合夥問題，在在都是商業社會下之產物問題。這當然是社會經過二十年、三十年、四十年間的變化而形成的。

不過，你可以放心！只要有算命師這個行業存在，這些算命師是鐵定能跟得上時代的腳步來為你解命、算命的！

算命師必須具備有社會歷練與生活常識

算命師是必須要解答求問者的人生問題的人，自然必須具備社會歷練與生活常識，以便隨時幫忙順利解答。

例如：某些老實想結婚的人，由婚友社認識了結婚對象，跑來找算命師希望幫忙分辨會不會騙婚？這時候算命師必須懂得一些社會現象和瞭解騙徒一些手法，這才能給來求問者一個好的回答與支援。否則求問的客人被騙了，也是會來找算命師抗議的呀！

法雲居士⊙著

顏色中含有運氣，運氣中也帶有顏色！

中國有一套富有哲理系統的用色方法和色彩學。更可以利用顏色來改變磁場的能量，使之變化來達成改變運氣的方法。這套方法就是五行之色的運用法。

現今我們對這一套學問感到高深莫測，但實則已存在我們人類四周有數千年歷史了。

法雲居士以歷來論命的經驗和實例，為你介紹用顏色改變運氣的方法和效率，讓你輕輕鬆鬆的為自己增加運氣和改運。

第四章　尋找優良算命師的方法

在台灣算命師的數量還真不少。在街頭巷尾，都有掛招牌為人算命、卜卦的人，台北還有數條算命街。但是好的算命師、正派的算命師要如何去找呢？這就是一個大學問了！

通常人要找算命師有幾個管道：

㈠是經由朋友介紹。常聽朋友說了有關算命使人驚奇的事，而自己也躍躍欲試去找同一個算命師，也想發生同樣的驚奇。例如：朋友談及算命師告訴他有偏財運，而真的中了獎，因此你也想去試試。

(二)**是經由媒體上得知**。例如：電視算命節目或報紙廣告、網路算命等等。不過電視節目中之算命師有很多是藝人轉行，並無真功夫、實底子，很容易讓問命客花了錢又失望。報紙上登廣告或網路算命，論命價錢雖低，但其算命師常是濫竽充數。小心你可能也會向前總統一樣病急亂投醫，會流落到遭受一個十幾歲小毛頭算命師的戲耍。

(三)**找命理學之耆宿之老，或是找有命理學根據的出書作者來算命**。前幾年在台灣還有蠻多位的命理學者宿之老在為人算命解惑及看風水，但相繼過逝。因此有智之士的算命師行列，稍稍有了空窗期。近來大陸的風水師也有來台灣營業的。當然，他們會有人為他們引見、攀附富貴之門。

另外，在書店看命理書，找到自己喜歡之命理書作者來替自己算命的人非常之多了。我的論命客人幾乎都是我的讀者。有時還有在國際機場中的書店裡看到我的書的客人，不上飛機，猛然回頭，再專程找我算命的外國人，他略通一點中文。這些都是非常有趣的人生經驗。而這個外國人在算過命後，就更熱愛算命行業，而變成我的學生，專習命理了。

(四)在街頭巷尾算命街逛街時，一時興起而算命。這種論命通常價錢便宜。花個三佰、伍佰、陸佰而皆大歡喜。你多半被稱讚為有福氣之人，命好、財旺、未來不是貴婦就是大老闆，因此未來是可期待的囉！但是回家之後，那些應酬言語很快會被你丟到腦後。

(五)找朋友中喜歡命理的人幫忙你算。這種狀況雖然能增加朋友之間的親密度。但也是最危險的事了。因為你的朋友的命理知識你並

無法知道深淺功力。只是一時好玩，或貪價錢便宜，便隨便算算。倘若這只是隨便預估你命運中的財富、前程，還算好的！如果要找小孩子的生辰，剖腹產的開刀日期，這就是太過危險的事了。

有一位先生來給新生兒子找我取名字，並言及小兒是選日子剖腹產出生的，自然對其有非常大之期望。但經確定命格，不禁令人懷疑這真是算命師找的好時辰嗎？因為這個小孩是『廉破坐命』的人，還遷移宮有天相陷落。表示一出生便環境不好，有破破爛爛的現象，未來也一生坎坷，十分辛苦。目前政治人物中有蘇貞昌、林瑞圖都是此命格的人。外表看起來都風光，但你沒去經歷他們的生活，就未知其命也。

廉破坐命者出現，也預告他們家一定會很複雜。後來知道，這對夫妻雙方皆為二婚。剖腹產的日子是妻方自己去請同事的朋友幫忙挑的。這位朋友初學命理不久，並不知道各種命格的特性與好壞。因此選了此日辰。不過，冥冥中正應合了他們夫妻間的關係會起起伏伏、爭執不斷，很可能又是以離婚收場的現象。

從其狀況推斷：此位妻子，先前婚姻中已生有一子，因此對此子並不重視，想隨便請人找個日子便好了。而且當時可能懷孕期心情也不好。

其實按常理講，如果請專業的算命師找生辰八字，算命師會對即將生產的母親多加鼓勵，安撫其情緒，替她找最好命格的寶寶，讓其在心情愉悅中生產。也會叮嚀其夫婿家人多幫忙照顧產婦，全家有志一同的迎接好命寶寶，為家庭帶來旺運。

所有的人都有一個遷移宮，會影響周遭環境。因此不要說自己沒用，也不要說別人沒用。每個人都會影響別人，也會受人影響，**父母心情好，能生好命的寶寶。**家中有好命、好運的寶寶誕生，家中就會喜樂、好運連連、萬福迎門。父親也會事業好、財富多、萬事順利，小孩好帶養，母親也會身心健康、多為家人著想。如果有太偏執、情緒古怪、又處處與人做對、不開心的母親，表示運氣不好，正走窮運，自然無法生出好命的小孩。相對的，也會把一些弱運、衰運拖拉得長久。未來子女成就不好、生計不佳，也會帶給年老的父母災禍。君不見電視新聞中常報導有弒親、毆打父母、兄弟相殺不和的衝突報導。歸根究底的，其父母在懷孕生子時，就是太隨便了，以致沒有生出好命兒女來，未來就會禍及己身。

為人父母的人，一定要真心相愛、心情愉悅、有正當婚姻關係時，才生小孩。會生出好命的小孩。父母為子女選好生辰，也一定不能隨便，也要真心誠意的有對子女渴望的愛心，並用心找對真正有功力的算命師來幫忙找好命的寶寶命格及生辰時間，這才是最正確的方法。

有些母親懷孕末期很辛苦，想早早生完了事。但是只想到自己，而未想到未來將出生、出現的人是會影響父母親一生的快樂憂喜的人，這就太輕率了。我常看到：某些一心要生乖巧會讀書、討人喜歡的寶寶的媽媽，都是信心很強，又一心在為寶寶著想，為家和老公著想的人，自然能有福氣生到好命寶寶。否則，有時候即使算命師為你找到非常貴命的時辰，卻提早出生了，沒有用到那個貴命的時辰，非常可惜。這就是貴不足，或受不住財了。

簡而言之，找朋友幫忙算命，指點迷津，還差強人意。但新生命的誕生，有關一個人一生的吉凶，還是找專業命理師為之較好。

無論如何，尋找優良算命師的方法，會跟隨你的問題大小、急迫度，以及你位處何處(住的城市、區域)，以及價值觀、數字概念而有變化。

如果是跟金錢、工作、人生前途有關的，是大問題，就需好好找一位能人之士的算命師來算命了。如果很急，無法接受數天預約期的人，用路邊攤的卜卦，也能暫時解決簡單的問題。通常有一定數額潤金的命理師，會有較好的服務品質。但要看你本身的價值觀及數字概念來看貴不貴了。合於需要的，永遠不貴。不合於需要的，就算是多出一元也貴。

算命時，安全首當其衝

此外，**還要注意到論命時的安全問題**。去環境太複雜、龍蛇雜處的地方算命，要小心人身安全。因為這些地方多半是流水客多的地方，也容易出現騙子、搶錢，或對人身攻擊之事，要小心！如果在夜市或路旁算命，自然你不會要求太多的解答，只是圖個高興而已。**如果算命處在隱密的豪宅中**，也不須艷羨、貪慕，要小心有更大的騙局，要你改運出資，動則數十萬、數百萬元之譜。

如果算命處擺設有太多的商品、改運物品，要小心被推銷物品，很可能該算命師是以經商為主，算命為副的，要小心不專業的問題。

此外，多觀察你的周遭環境，多上書店，會有你需要的知識出現。

法雲居士⊙著

一般坊間的姓名學書籍多為筆劃數取名法，這是由國外和日本傳過來的，與中國命理沒有淵源！也無法達到幫助人改善命運的實質效果。

凡是有名的命理師為人取名字，都會有自己一套獨特方法，就是--納音五行取名法。

納音五行取名法包括了聲韻學、文字原理、字義、聲音的五行來配合其人的命理結構，並用財、官、印的實效能力注入在名字之中，從而使人發奮、圓通而有所成就。納音五行的運用，並可幫助你買股票、期貨及參加投資順利。

現今已是世界村的時代，很多人在小孩一出世時，便為子女取了中文名字、英文名字及日文名字，因此，法雲老師在這本書將這些取名法都包括在此書中，以順應現代人的需要。

算命師篇

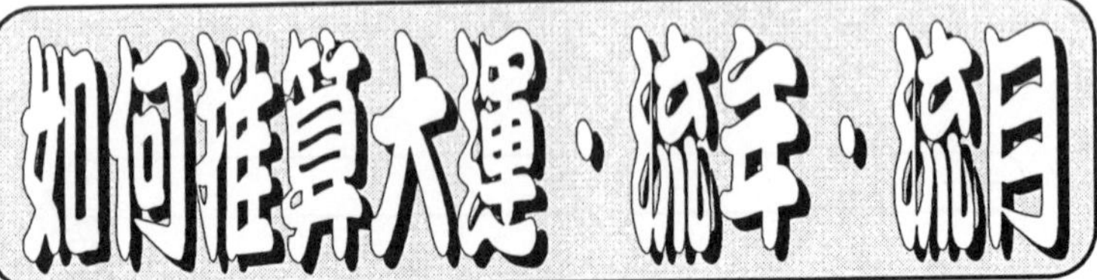

上、下冊

法雲居士⊙著

全世界的人在年暮歲末的時候，都有一個願望。都希望有一個水晶球，好看到未來一年中跟自己有關的運氣。是好運？還是壞運？

這本『如何推算大運、流年、流月』下冊書中，法雲居士利用紫微科學命理教您自己來推算大運、流年、流月，並且將精準度推向流時、流分，讓您把握每一個時間點的小細節，來掌握成功的命運。

古時候的人把每一個時辰分為上四刻與下四刻，現今科學進步，時間更形精密，法雲居士教您用新的科學命理方法，把握每一分每一秒。在每一個時間關鍵點上，您都會看到您自己的運氣在展現成功脈動的生命。

法雲居士利用紫微科學命理教你自己學會推算大運、流年、流月，並且包括流日、流時等每一個時間點的細節，讓你擁有自己的水晶球，來洞悉、觀看自己的未來。從精準的預測，繼而掌握每一個時間關鍵點。

第一章　算命師要先為自己營造好環境與好時機

職業的算命師有很多須要注意的地方，這才能保護自己的身、心、靈不受打擾剋害。『身』是『身體上的傷害』。『心』是心情被打擾。『靈』是靈體受驚擾。有一些算命師是靠通靈而能為人算命的，因此靈體的平安對他們很重要。

為什麼《算命師篇》第一章就是談算命師周圍環境的問題呢？因為『算命』這個行業有時也非常複雜。來算命的客人三教九流都有，某些算命師會遇到：常有一些假借『算命』之名而來行搶或施暴力之人。

前些時候就聽說某位媒體知名算命師因和大哥的女人有瓜葛而被修理。以前也曾有過，在電視上知名的算命師在電視公司門口被跑路的兄弟堵上敲詐要錢。所以這一章首先講的是算命師的人身安全問題。

算命師一定要先為自己營造好環境

算命師有百百種，有些算命師會把自己的辦公室(問命處)，打扮得像大宅門中的客廳一樣。有些算命師會把自己的論命處做成珠寶或祈福物品的販賣商場。有些算命師會把自己的處所弄成好玩的遊戲場所。像一些專算塔羅牌，或用撲克牌算命的年輕算命師會這

樣。有些算命師會搞神秘，把論命處弄得黑朦朦的，像用水晶球算命的吉普賽女郎算命是如此，有些有怪異脾氣的算命師，如算米卦、金錢卦、八字的算命師也會如此。

有些算命師，例如摸骨的算命師，或某些用靈媒算命的算命師，有些本身有身體殘疾，不喜歡算命的室內太亮，一下子就暴露自己的缺憾，因此會把室內光線放暗。有些是怕靈體受驚擾而室內昏暗的。但一般如果是屬於學術派的算命師，你們是從書中學來的這門算命學問的。因為這是一門十分光明正大的學問，因此千萬不可把自己的論命處、算命室弄得太暗。如果太暗，如此一來，一方面讓客人有疑慮，同時也會對自己的運氣有向衰的可能。這跟江湖派的論命者要故弄玄虛這是非常不一樣的！

算命師也是常人，也和一般人一樣有運氣好壞之分。要塑造自己的運氣在最高點，就必須注重自己周圍的環境不可。

算命師處在什麼樣的環境下，就會遇到什麼樣的客人。就像一般人在什麼樣的環境下，也會有什麼樣的境遇一樣的。例如：在夜市中擺攤的算命師或在觀光地點設攤位的算命師，所遇到的是流水客，所問的問題很複雜，但總不外乎財運、桃花運和健康運。因為流水客的時間都很匆忙，問題簡短，論命潤金也較便宜，這樣主客之間皆大歡喜。也因為承做流水客的生意，隨興而談，算命師必須具備察言觀色的技巧就行了，專業的命理知識略知一、二，便可勝任。自然這種行業的環境，人多就好，愈雜亂愈好。那這類的算命師就只能看天吃飯，看自己的運氣來賺潤金了。

算命師的工作環境如何能稱為好環境？其實只要是一處僻靜能說話談事，讓來問事者能心情平靜，讓論命師也能好好回答的環境就是了。至於裝潢、擺設，其實是多餘之物。因為問事者其實是來問自己的問題的，應該著重於算命老師腹內的命理學問與知識。如果問命者是著重門面裝潢的人，這人極可能受騙於在媒體上誇大宣傳的算命師。君不見！香港著名的鐵板神算陳康泰潤金起價美金一萬，其人的論命處只是香港一間五坪大的小寫字樓，其中只有一桌一椅。那這些愛看裝潢的問命者，豈不更要大喊不甘心了呢？

其實，**一般的算命師會知道自己的客人是那種層次的人**。這就像百貨公司的店員知道來買貨的客人層次是一樣的道理。如果算命師連自己的客人層次都不瞭解，自然這門生意就不用做了。

算命師會用自己客人的層次來佈置他所工作的論命空間。例如前面所說的那位陳康泰算命師，會來找他的人都是政商名流，來問升官、做官前程的人，這些人什麼樣的豪華場面、排場沒看見過了，

算命智慧王

自己再裝潢如何也比不了總督府、總統府、國防部強吧！因此什麼都不用擺置了。來人只要一進門，便埋頭算命，撥弄命運即是，甚至連寒暄都省了。台灣的行政院長也去算過。你曾聽到過他嫌那算命師的裝潢不好嗎？

算命師行業一向是個『大隱隱於市』的行業，不適合大張旗鼓、盛氣凌人的開業，否則不是有是非，就是其人並非以算命為正業，可能專營其他業界，算命只是附帶的副業而已。

目前電視上出現的算命師，多半是半路出家，中途轉業，而且他們和製作公司簽的是『演藝人員約』。所以這些人是演藝人員，並不是真正的算命師。只有少數受訪的來賓是專業的算命師，也才有自己的論命處。這是很多觀眾不瞭解的事。自然這些藝人算命師也抱著能賺就賺的心理，不會拒絕生意上門的。但是如此也會使良莠不齊的命理界更混亂了。

算命師要為自己營造好環境，才會有性格溫和的客人上門

算命師會從事『算命』這個行業，也都會有一些機緣關係而形成的。算命師也是普通人，雖然他能早一點用特殊的方法能解讀某些事情。但算命師也有自己的天生環境與遷移宮，有些算命師的遷移宮不好，就會在吵雜、雜亂、環境緊張的氣氛中為人算命。那所來的客人有時就會有較多有挑釁意味或桀傲不馴的人來算命。懂得為自己營造好環境的算命師通常都較安靜、平順，因此所來的客人也會和順、有禮的來請教事情。

就像我本人就喜歡在出版社中借一隅來算命或教紫微斗數。主

要是因為我的來問命的客人都是看我的書而來的人。另一方面出版社較安靜，旁邊都是書，問命客可盡興的提出問題來。更因為書鄉就是我的環境，我本人也會樂此不疲的盡量回答問命者的問題。如此能主客盡歡。

多年前，也曾有過一位來問命者嫌過我的論命處不夠氣派。也嫌我們的房門門向不對。這倒是好像他來替我論命了似的。不過呢？『回也不改其樂！』我這裡總比陳康泰的論命處好太多了吧！

算命師最重要的是要腹中學問足夠，要能替問命者解決問題才重要！環境主要幫助對談時及提出問題能圓滿解答的場所。如果不重視自己的問題是否有很好的答案，而重視旁枝末節的事物，此人的問題可能是其人本身的問題了。

『算命』也是一項工作。既然是『工作』，就會有容易做、好做

及不好做的工作。因此算命師最好要注意自己周遭環境的塑造，以防有不好做的工作上門。

算命師要小心時機問題

算命師自己也有自己的運氣起伏。因此算命師也有自己運氣好或運氣壞的時候。算命師要切記，自己運氣不佳的日子和時間最好不要為人算命。因為當自己運氣不佳時，容易脾氣暴躁、不耐煩，對客人的服務不見得周到。同時因為自己的運氣不好，也容易遇到『奧客』或言語尖銳或性情凶狠的客人，有時候就會弄得非常不愉快了。那這一樁算命任務就算是不成功的了。這有時候也會讓算命師非常鬱卒或惆悵的呢！

算命師要找自己運氣好的日子來算命，就能超有耐性，對客人的問題十分能用體貼與同理心來幫忙解決，自然會得到問命者的感動與回響。同時算命師也對於自己的任務達到水準而內心產生快樂與滿足。

假如你是個算命的
如何算出你的偏財運
紫微幫你找工作

第二章　算命師的品格內涵與專業態度

這一章要談的是一般人常詬病的『算命師的品格內涵與專業態度』。先談品格內涵的問題：

一般來說，凡是執業久的，執業時間超過二十年以上的算命師，其專業的能力有一定的程度了，而且其品格、內涵也會有一定程度好的評價。通常來說，會詐騙或唬弄人、詐財騙色的算命師多半是半路出家、半罐水、或是短時間出現，撈一票就走的算命師。有些也是假藉算命師之名而行詐騙之實。在這個世界上，人最容易被騙去的，就是錢財，宵小惡賊所覬覦的也是錢財。在中國命理裡面，也把『財』這個東西當做人『生命的元素』。沒有『財』，就沒有『命』了！而這些騙人錢財之人，就成了『劫財』之人。

算命師也有遭客人騙、遭搶劫的。我本人也有幾次受問命者之騙的經驗。所以要利用前面一章所說的要建造對自己有利的環境或要選對好時間再開業工作。

算命師其實只是一位『命理的解說員』。只是利用了專業的技術來解釋世間、人間的現象而已。如果說算命師能預測未來、未卜先知，也是根據其原來的專業知識來推論而已。如果利用別人的弱點來詐騙錢財，或控制別人、違背善良風俗，這就是品格邪惡的算命師了。某些不善的算命師也利用宗教來騙人，或用陰神來欺瞞客人。

凡是論命的所在，有奇特怪異的、不是一般人熟悉的神祉的神壇擺設的算命師之論命處的，其實都有古怪。其算命師也會性情古怪。每當算命師本人走衰運、惡運時，其人會想出陰招損人、害人。而且此算命師也必然『八字全陰』，而有陰險之行徑，不為善類。

目前因為算命師這個行業沒有『專業檢定』這個制度，以及算命的方法種類繁多，有中國式的、西洋式的、通靈式的、神明式的，各式各樣的算命方式。一般社會大眾尤其喜歡新鮮的算命方式，因此算命還會和異業結合，例如用魔術來算命(其實只是表演而已)。

因為沒有制度和規範，目前算命市場雖非常之大，但在世界各國也都幾乎是三不管地帶，因此也造就了有心之士的不法斂財的現象。不過，多行不義必自斃！真正有心在算命行業服務與打拼的算命師們，其品格、內涵及專業的養成尤其重要。

算命智慧王

算命師的『品格內涵』注意要項：

一、**首先要為人正直，不取不義之財**。更要不貪婪於問命者的財物、財產。

二、**不要一味阿諛奉承客人**，而忘卻專業論命內容。會使客人初時很高興，但回去後又覺得沒談到自己問題的重心。

三、**做人要有公正及明辨是非之心**。不因客人出潤金，就為客人出害人主意。也不能幫客人算和此人不相關者的命格案件。以防幫助品行不佳者，為虎作猖。

四、**幫助客人嚴守資料之秘密**，是算命師最重要的職業道德之一。

五、**算命師最好有宗教信仰為心靈寄託**，但不能以宗教迷信來摻和算命。以防有偏差。

六、**算命師幫助客人解決問題時**，應以普世價值與道德標準來衡量

事物。不能過於偏激，或有政治黨派思想都不好的。

七、**算命師在論及家庭倫理時**，應力求家庭和諧、父子有親、孝及尊親、夫婦有情、兄弟相挺。如果家內不和，也要就事論事，尋求改善方法。不可再幫忙更增紛亂及挑撥增亂。尤其給年幼的小孩論命，要多方斟酌，不可一語定江山，斷送了小孩子和父母之情，以及未來的成就之道。不可斷言剋父、剋母之類的話語，這些都是非常不厚道的行為。

八、**要盡力為客人設想至最完善、最安全、最圓滿、最快速之境界的解決方法**。絕不能瞧不起客人的問題。也不能用輕蔑的嘴臉對待客人。有道是：『拿人錢財，替人消災。』也理當為人全心貢獻心力，幫忙解決問題。有些客人動作慢、腦子慢，也要有耐心服務。因為算命業其實也是『服務業』嘛！

九、**雖然所有的人都喜歡聽好聽的話**，但千萬別忘了算命師本份的事，就是要提醒來問命者有關傷剋、劫財及傷害生命的事。例如：車禍、傷災的發生時間，以及容易有病痛的時間，或是容易有財窮、是非多、爭吵的時間，好讓來問命者能提早有心理準備及防範。

十、**算命師要不斷的充實自己，並對社會經濟脈動或國際局勢有充分瞭解**，因為目前的社會經濟也和國際有連帶關係，而且主流產業和民生必需品的產業類別都要十分熟悉精準。就像二〇〇八年，美國銀行引發連動債經濟風暴時，許多本地的上班族也受到失業的威脅，要找工作要算命。因此算命師要多充實自己的知識、見識，不可一味拘泥在只算些戀愛機緣、離婚評比的小案件之中。常常也是時代和年運有巨變時，也是算命師必須多出力相助的時機。因此算命師要盡力幫助遭受天災人禍之災難的人們。

十一、**算命師不可在有好時機和壞時機發生時，更誇大和加重其預言**。我們常在媒體上看到年終或年初時，有某些算命師在預言次年運氣時會說明年好到極點，或壞到極點之說。有些算命師也會發明新名詞來炒作，以提起別人注意及抬高自己名聲。其實這些都是不對的做法。譁眾取寵及嚇唬老百姓，以引起社會不平靜，都是有知識、有智慧的算命師不屑所為之事。

十二、**算命師所賺之錢財是『流水財』**。其實是不易存得住的，要多去資助公義事務。算命師所賺取之財，也是社會之財，也宜多扶貧濟弱，這種財也賺得長久。

如何創造事業運

法雲居士⊙著

人生中有千百條的道路，但只有一條，是最最適合您的，也無風浪，也無坎坷，可以順暢行走的道路，那就是事業運！

有些人一開始就找對了門徑，因此很早、很年輕的便達到了目的地，成為事業成功的菁英份子。有些人卻一直在茫然中摸索，進進退退，虛度了光陰。

屬於每個人的人生道路不一樣，屬於每個人的事業運也不一樣！要如何判斷自己是否走對了路？一生的志業是否可以達成？地位和財富能否得到？在何時可得到？每個人一生的成就，在紫微命盤中都有顯示，法雲居士以紫微命理的方式幫助您檢驗人生，找出順暢的路途，完成創造事業運的偉大工程！

第三章　論命程序與內容概要

算命師的論命程序，因為各類算命師所利用之算命工具樣式不同，程序也會有所不同。例如以塔羅牌算命者，就會先請來問命者切牌或選幾張牌。鐵板神算之論命者，會讓來問命者報出生時間，再找出代碼來算命格。而紫微論命則是以印出命盤為首要程序。算八字算命師則是以來客的生辰轉換為四柱的八字，為首要程序。

此處，專以紫微論命及八字論命來談論命程序與內容概要，以供讀者參考。

紫微論命與八字論命之主要程序與內容

紫微斗數與八字論命之程序與內容主要有十二大項。如下：

1 先看該人命格屬性，心性道德與智慧高低。

2 次看人生架構與重要格局。

3 三看人生財富多寡。

4 再看人生貴格成就。

5 再看家庭美滿及人生運程。

6 再看人生才華與子女賢孝及多寡。

7 再看健康病痛、父母遺傳、生命之財之延續，壽之幾何？

8 再看兄弟、朋友資助與否，有無助益。

⑨再看大運當逢，及流年幾何？

⑩再看命理刑剋，輕則傷身病痛，重則無子早夭。

⑪再看如何以喜用神輔助命格缺陷，以及如何防忌神於凶方？

⑫再看命吉、運吉如坐順風車，上上之命。命吉運凶如浪裡行船，最多中命而已。

⑬解答問命者的切身問題。

算命智慧王

法雲居士⊙著

在全世界的人口中，只有三分之一的人，婚姻幸福美滿的人，可以掌握到婚姻運。這和具有偏財運命格之人的比例是一樣的，你是不是很驚訝！
婚姻和事業是人生主要的兩大架構。掌握婚姻運就是掌握了人生中感情方面的順利幸福，這是除了錢財之外，人人都想得到的東西。誰又是主宰人們婚姻運的舵手呢？

婚姻運會影響事業運，可不可能改好呢？
每個人的婚姻運玄機都藏在自己的紫微命盤之中，法雲居士以紫微命理的方式，幫你找出婚姻運的癥結所在，再以時間上的特性，教你掌握自己的婚姻運。並且幫助你檢驗人生和自己ＥＱ的智商，從而發展出情感、財利兼備的美滿人生！

第四章　先看問命者的命格屬性、心性道德與智慧高低

算命師一拿到問命者的生辰八字時，便會根據所託而開始作業。批八字的算命師會是把生辰日期變成農曆的生辰八字，再開始批八字。而紫微斗數的算命師則會先印出問命者的命盤出來，再來觀命、解命。

但觀命的第一步：便是先看此人(問命者)的命格屬性，是屬於什麼命格？**第二：會看其人的心性善惡**，以及道德水準的高低。**第**

三：看智慧多寡與高低。

第一項：命格屬性的看法

問命者之命格屬性之看法，從紫微斗數的觀點，會將之分類，會看是屬於『殺、破、狼』格局系列的命格，還是屬於『機月同梁格』系列的命格。因為這兩大系列命格的人之人生有很大之不同。

『殺、破、狼』系列命格的人包括有，本身的七殺、破軍、貪狼命格外，還包括紫微、廉貞、武曲，以紫相、紫殺、紫破、紫府、紫貪，以及武府、武相、武殺、武貪、武破等命格，以及廉殺、廉破、廉貪、廉府、廉相等命格。

『機月同梁格』系列的命格屬於溫和派的命格，除了包括本身的天機、太陰、天同、天梁命格外，還包括機陰、機梁、機巨、日月坐命、陽巨、同陰、同巨、同梁、陽梁等等命格。

『殺、破、狼』系列命格的人善於打拼、有衝勁，一生會向外奮鬥，留在家中的時間少，所以，『殺、破、狼』系列命格的人若要看命格高低則是以其人的打拼能力為第一考量。打拼能力高的，又要看是否有『貴格』？才能事業站上高峰，成就大事業，如果命、財、官、夫、遷、福等宮有天空、地劫出現的人，其打拼能力就會有瑕疵，不一定能使出全力來打拼，有時候也想不到要打拼，因此成就也就會不如預期高了。

『機月同梁』格系列命格的人，主要的人生脈動在於家庭生活。因此，做薪水族，有穩定的生活享受，有父母祖蔭留有房地產，財產給他，一生就能有幸福生活了。

『機月同梁』格的人要看命格高低，首重是否有『陽梁昌祿』格之貴格。再看命格主星旺弱及帶財多寡。此等命格的人，**以能享受的福祿多為最佳命格**。如果此格局命格的人要和『殺、破、狼』格局的相爭一較高下，則會有斷羽折翅的危險後果。這是因為『殺、破、狼』格局的人性格較凶悍強勢，愛掌權、善爭鬥之故呀！

第二項：論心性道德

算命師為人算命，看到八字，即會職業性的先看八字中所代表心性、人格之道德水準的項目。簡而言之，先看此人是好人、是壞人、是善類、或是惡匪，先檢查一下，免得自己先受害。有時候，人從目視還不一定能斷出善惡、陰詐出來，當然有時也能從其目光

閃爍看出盜竊宵小的消息。但衣冠楚楚、道貌岸然之道學之士，或衣著光鮮之堂堂外表下有時也會藏有對人不善之心。

算命師要先論問命者的心性善惡及道德觀之水準、標準在何程度，然後再為之算命，較易能勸說他。而且有的人的命中天生是非多，有時候也是被生出來就是那樣的，他自己也不想如此麻煩，但生來如此，只好走自己的命運之路。算命師只能多規勸其人勿傷害別人！也要告之走惡運時，必將有天譴降臨。

其實，會做黑社會、走暗路的人，其人天生命格中就會帶有煞氣和刑剋的。這是算命師能一眼看得出的命理格式。如果算命師看不出來，功力就太差了！也將無法自保。

在古今中外能做黑幫老大的人，不外乎家族企業或自己打架砍殺出的血路兩種路子。由家族企業而升級老大的人，由八字中可看出，其祖先即是土匪強盜了。由自己砍殺出血路的人，是自己命格沖剋多，不服父母師長管教。另一方面是命格中多謀略、善爭鬥。因為正途中之官運不順或沒門路，再方面，還有錢財的需求很大，而走另一條異類之路。

最近，看到電視媒體上舊事重提的新聞談話性節目中，有人為黑道大哥之死不勝唏嘘，且大大讚揚其忠義節烈。真是鼠貓難分了！所謂公道自在人心，也是這個道理了。

看命算命講心性道德，八字四柱全陰的人（八字四柱的上一排字稱為天干，天干為乙、丁、己、辛、癸，稱之。），會心緒混雜、愛多想，有些陰險，但會不會至大惡，還要看命理格局的結構而言。

像大陸四人幫的江青，就是四柱全陰、心狠手辣的人。普通人四柱全陰也不過是個稍陰險的普通人而已，貪來貪去也只貪自己周圍一點小錢財而已。

某些八字中隱藏著心性不佳的人，在好運時，還能正正常常的好好做人，只有在衰運、惡運時才挺而走險。所以說，某些人的『惡』，也是運氣和時運、天時（亦可稱為時間）所催促而造成的。

八字四柱全陽（八字天干全為甲、丙、戊、庚、壬者），也會因為偏枯而性情暴躁、火烈，也易不吉。也容易製造匪類出來。中國命理講究『中庸之道』。因此八字四柱天干，天干以兩陰兩陽為最佳。一陰三陽或一陽三陰也不錯。小心配合，找出喜用神來解救，也都能使人生活順遂、步步高陞、常處佳境。

算命智慧王

由紫微斗數中之星曜組合最能知道人心性不好，會做黑道匪類是怎麼形成的了。多半刑剋太重，有羊、陀、火、鈴、劫、空等星在命、財、官、遷、夫、福等宮，形成不好的格局而形成的。

另一種又懦弱又陰狠的人之命格，其星曜組合則是『天相加火星或鈴星』或是『天同加火、鈴』而形成的。這兩種命格的人也會與黑道有關。專做一些非法之勾當。二十多年前，我就曾算過這樣一個『天相居陷、火星』命格的稅務官員，私下專做幫忙黑道逃漏稅的勾當，得財致富，後來擔心被抓，移居海外。由此可知，有很多表面看似正派，又做到正職的人，如果命格中有煞星當道侵擾吉星，也會變成邪惡之人。下面是兩個黑道大哥的八字，大家可以參考一下。

一個是：

辛巳
癸巳
日主 甲申
庚午

此人命格中，日主甲申為巨木被折斷之後，落入水中之木。此為枯木有水滋潤，與金石一樣的堅硬。四柱怕見火金，易枯折。甲木生四月，木性枯槁：有庚金貼身劈甲，生癸，甲木又有喘息，必須有壬水來中和，才能有富貴。但此人一生為假富貴，終日好作禍亂，有好高鶩遠之病，做事難成，因夏木本以『癸』為真神，而『壬』為假神，且壬為偏印之故。並且巳申二度相刑，必是與上祖、上親無緣之人。會背井離鄉、客死異鄉。

另一個是：

己丑
丙子
日主　壬子
乙巳

此人命格中，日主壬子為氣勢滂沱的大水。又生於子月，子月是壬水的陽刃之地（壬刃在子），是旺逾其度。子月又氣候嚴寒，水土皆凍，故需火土並用，才能有像樣的人生。命局中干上有丙無戊，壬水無制，故是汲汲營取，不實在的人。支上也是子巳二度相刑。

此命格壞在壬水無制上。如果有一戊土出干，自然會成為有用之人，及有一定的富貴了。

在人的心性道德方面，從紫微命理方面來看，命、財、官、遷宮位有吉星入座，但又帶煞星多的人，主為人性惡。如果煞星少的主人較仁慈。如果命、財、官、遷等宮位原本就是『殺、破、狼』格局入座，再加煞星多的人，也會心性不善。煞星少的較會發展於工作事業打拼方面。這些又要分煞星的種類，以及對該人的影響如何，不是三言兩語所能言之的了。

第三項：要看智慧的高低

在剛看到命盤或八字時，其實在看心性善惡與道德觀的時候，便會一起觀看其人的智慧高低了。因為某些星曜帶有很多種解釋。星曜大多都包含著聰明、敏感度的代表意義。例如：紫微坐命的人，紫微這類星就是表面沉著、穩重，動作不會太快，太快就不穩重了。

他們通常外表不快，但心急。做事想一下子做好，沒想太多，不算很聰明的人，反應不快，常因心急而壞事，再彌補過來，又差強人意了。但是某些紫貪坐命的人，在於討好別人(指對待上司或想追求、想得到認同的人)時，會特別聰明、反應快。但這要看對方的反應如何才能決定他的表現是否如人意了。

天機坐命的人都非常聰明，他們的智商高，但人際關係不一定好。尤其機巨坐命的人更是如此。有時候太聰明，又表現得不是地方，反而為別人所排斥。其實所有命格人的聰明智慧都有其特殊表現的方式。

在看命、論命上，看智慧高低方面，其實從命理的角度上來看，**都是以能成就事業，造福人群的智慧為大智慧**。而一般讀書、賺生活費、賺享受的花用的聰明為小聰明。如果是盜匪宵小偷曚揚騙的聰明是邪惡智慧，歸類於『刑剋』之類的刑剋之物，亦會產生惡果。將由其人生及身體來承擔，就不算是智慧聰明了，只是害自己的東西罷了。

算命師在第一個階段來觀看問命者『命格屬性、心性道德與智慧高低』的時候，就可預先瞭解來問命者的一些狀況，以便做以下的應對措施：

一、**從問命者的命格屬性與心性道德可知其人的性情溫和與否，以及思想速度快慢，凶惡與否。**算命師要先保護自身的安全。另一方面也不能為虎作倀。或多惹麻煩。有些遷移宮不佳的算命師，一定要慎選客人，以防自己遭災。

如果不小心算到惡徒的命，也要好好應付，虛與委蛇，找出其人弱點，與以輕鬆送走為止。(這時候算命師的專業技巧與

應付手腕都要非常強才行。）

二、**要從命格屬性與心性道德中看出其人的思想模式與感情模式出來。**先搞清楚問命者的思想脈絡，搞清楚他是怎麼在看待事情的？一生最在意的事情是什麼？最喜歡什麼？最痛恨什麼？用他喜歡的方式和他對談，勿觸怒對方。此法用在規勸其人缺點方面最有效。

例如：身宮在官祿宮的人，失業問工作、事業之事，也會與錢財有關，因此先從工作、事業為開端談起，會很與此人性格合拍。

又例如：身宮在夫妻宮的人，必來問感情之事，有時也會與工作相糾纏。如果夫妻宮中有煞星者，必有情傷之事，要多以感性話語，多慰藉的言詞，能安撫其人，也能使其人感動受用。這才會是一樁好的算命結案。

又例如：命、遷二宮有天空、地劫的人，如果身宮又在命宮或遷移宮的話，算命師本人要自己有心理準備。因為此人會一直講、一直問、一遍又一遍，一直重複、還原，又回到原來的問題再問。**算命師要耐性好**。因為同一個問題會問五遍、答五遍，算少的。可能是十遍、二十遍的要答問。這位客人回去後，還會再來電說：他覺得沒問到什麼？因為他又忘了。像這種客人最好勸他自己帶錄音機來錄音，帶回去後再三反覆聽會比較好，否則他只會抱怨別人！

算命師要和來問命者之間想要做一場貼心服務的談話，算命師並不只是一味的諂媚、拍馬屁、捧人，給人戴高帽子就可以的事，而是要用心聽對方的問題，用心想出能解決對方問題的方法。而且此方法也必須是客人他本人能夠確實執行、能做得到的事。

例如：有一位小姐，命格裡火多，脾氣壞，一發脾氣就上街亂買東西，等清醒時又後悔，也一直搞得自己很窮。算命師勸她少買一點，但她很難控制自己的情緒，因此簡直做不到。當她來算命的時候一定覺是頭腦最清楚的時候，才來請求援助，這時候也最能聽得進建言。因此算命師要幫她想出能平熄怒火的方法。

通常，我這裡是這樣處理的：此位小姐因為命中火多的刑剋，必缺水嚴重。請她平常勿再穿紅色、綠色衣物、用品。衣物、用品一律改用水藍色、深藍色、白色、黑色、灰色等等，以求平靜。這些顏色同時也是屬於工作的顏色，因此對工作也有利。

勸此位小姐注意自己睡覺時床頭方向，必須躺下時頭朝北，腳朝南。最好自己在家中的房間也在整個宅中的北部地方。另外每當煩悶、火爆、生氣時，到公園、操場跑步或做激烈運動。因為一定要用力發洩，此人才會好過。在用力發洩後，很辛苦疲倦了，就睡覺。多次以後，她本人就能控制自己的情緒了。**其他如命格中有羊、陀，或火、鈴的人**，也是同樣如此，心中會異常煩悶，如此是刑剋自己，反而不好，不如多採用發洩式的運動，又能強身、又能除煞，疲倦了就睡覺，也好養身，一舉數得。現在，大家都很忙，有時候並不是有很多人會聽你的抱怨和訴苦。有的人也很難找到好朋友來幫忙。心情苦悶時，只有運動是最不會亂花錢，又能平靜身心的好方法了。大家可試試看！

另外，在知道問命者的思想模式與感情模式之後，算命師能找到最好的與問命者溝通的模式。通常，人不喜歡別人談論自己的缺點，尤其擎羊、陀羅入命宮的人，最恨別人說他那裡不好，也恨別人說他自私、小氣。常常，他們認為別人對他有偏見，而關閉了溝通的大門或公然與別人斷絕關係，即使是家人中有此人也是一樣的。所以算命師在知道對方的脾氣脈絡之後，就能順著毛安撫之。也能順利勸說其人改進方法而和別人好好相處，以達成其目的。

所有的算命，最難算的問命者，應該是擎羊坐命、陀羅坐命，以及廉破坐命、巨門化權坐命的人了。**擎羊和陀羅坐命的**人，必須小心應對，因為他們疑心病重，甚至於算命師臉上無笑容，也會讓他們起疑，覺得算命師好像不喜歡他們，會排斥他們。講話更須小心，要多從貼心與手臂肘往他們那方面彎的偏心角度，用心寵愛他們，才能得到他們的認同，而與算命者交好，如此才能成功完成一案件。

廉破坐命者，很愛與算命師大聲小氣的嗆聲，常說不信命，又來算命。因為他們的命格運氣中一生很多衰運，自然也不太相信別人。他們一生也有很多破財、耗財機會，人生大起大落。不過他們都有很強的打拼力量、一生不服輸。但他們的身體都不好，會多染病痛。要有十分的能耐才能說服他們。

巨門化權命格的人，太會說話，而且喋喋不休。巨門化忌的人更是令人頭痛，說話無意義又碎碎念，會另人發瘋。但無論如何，他們都希望聽到對自己有利的建議，以增多財運、旺運。因此，算命師只要多用耐心，以及專業技術，多為客人著想，也能完成任務，好好為問命者服務的。

紫微成功交友術

法雲居士⊙著

成功的人都有成功的好朋友！失敗的人也都有運程晦暗的朋友！好朋友能幫助你在人生中『大躍進』！壞朋友只能為你『扯後腿』。

流年朋友運能幫你提升交朋友的層次，進入成功者的行列！每一個人想掌握交到益友、欣逢貴人的契機！『時間』就是一個不容忽視的關鍵！

『紫微成功交友術』，就是一本讓每個人都能掌握時間交到益友的一本書。同時也是讓你改變人生層次的一本書。更讓你此生不虛此行！

第五章　再看人生架構與重要格局

在算命的重要過程中，有關前一章所談的『命格屬性、心性道德與智慧高低』這些看法只是算命過程中的入門手續，先過一個檢查哨站。接下來要看人生架構與重要格局時，才是真正入堂奧，來觀看此宅第的壯觀架構與規格，以及庭園、擺設的品味等級。所以說算命又像是在參觀一所巨第豪宅，在細細品味他時，會把他歸類於巴洛克式的建築，或是洛可可式的建築，或是中國古典式的建築，亦或是日本式的庭園建築類型。另外，還有一些吉的，增高人類人

生成就品級的重要格局，會提高人生層次。也有一些凶的，會造成人類身體傷殘病痛或人生破碎或成就低下的刑剋格局。

一般成就高的人，是好的格局較多，凶的格局少一點。**成就普通的人**，是好的格局和壞的格局皆一半一半，好的格局不完整，壞的格局還未在時運上，未發作，因此還成就普通的存活。**成就低的人**，是好的格局根本沒有，壞的格局有時在時運上逢到，有時未逢到，但隔幾年會出現，又把人的生活層次拉下來了。因此，所有的人都是在和命運和人生格局做拉鋸戰的人。

從命理上而言，基本上將人之『人生架構』若用圖形來談組織架構，**會分為：**

(一)大宇宙形態的十二宮架構

所謂的大宇宙形態的架構，其實是一個圓形的架構，由十二宮環繞而成。**十二宮分別是：**①命宮②兄弟宮③夫妻宮④子女宮⑤財帛宮⑥疾厄宮⑦遷移宮⑧僕役宮⑨官祿宮⑩田宅宮⑪福德宮⑫父母宮。不知是否讀者曾看過紫微斗數的命盤的十二宮是圓形排列的？這種圓形命盤也可說是早期的紫微斗數命盤。其原始的創造發想就是由大宇宙而來的。因此這種圓形的斗數命盤實際上也是把我們人生的架構用宇宙的形式來佈列一般。

▽算命智慧王

方的命盤

子女宮	夫妻宮	兄弟宮	命宮
財帛宮			父母宮
疾厄宮			福德宮
遷移宮	僕役宮	官祿宮	田宅宮

圓的命盤

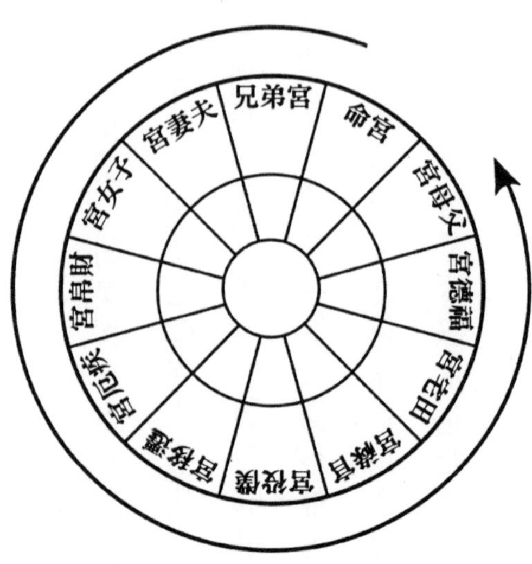

命盤的架構既用的是宇宙的形式，因此十二宮的排列方式也是用逆時針方向排列，這和宇宙中星雲的旋轉方向是一致的。大宇宙

中列了十二宮，這十二宮即是和我們人生關係最密切的，而且是緊緊相扣，絲毫不能破損、中斷的，否則便有了殘缺的人生經歷。人生架構不完整，最糟的也會如螻蟻一般生活，如飛蛾一般撲火，而生命短暫，剎那即消失。

中國的命理學和佛家觀點有很多類似的地方。例如：人生之目的講究的是成就大事業。所為『成就大事業』，即是『對人類有益，對萬物有益』而已。能『成就大事業』的人，就能人生圓滿。『圓滿』就是人生最極致的追求目標。

命盤上，由命宮最先呱呱落地開始，繼而我們的兄弟姐妹出現了，和我們一起生活，兄弟的助力在我們一生中都很重要。不好的兄弟宮，就會造成劫財。等我們稍成長了，有了配偶，感情得以抒發，繼而有了子女，後繼有人。此時需要養家活口，須要較多的錢財以養家人。再要注意健康，健康也是生命之財與資源。再來看我們的周遭環境有無助益！與外出吉凶。接著是朋友、部屬的助力有否？再接著是事業上的發展，這其中包含著其本人之聰明度。工作有成就了，錢賺多了，要增加房地產，及看家人相處與承繼有無。等到財富、大事業皆有了，要看天生福德享用幾何？壽命歲數多少？智慧與積存給自己的福德有多少，最後看父母遺傳給我們的福德為何？父母、長輩又對我們的蔭庇照顧有多少？才會生下我們這種能做點事、能為家庭打拼的小孩。

往往我們把父母宮放在最後一宮。其實父母宮應該是最初的一宮才是。因為父母生下我們，我們才能以命宮來主其事。如果沒有父母的蔭庇照顧，我們可能早就不存在了。從媒體上，我們也常看到一些被照顧不好或受虐的小孩，在嬰幼兒時期便失去生命了。這些小孩往往是父母宮不好，與父母無緣而無法在這個地球上生存的。

十二個宮位是一個宇宙的大循環，也是每個人之人生小宇宙的循環系統。它清楚的建構起人生架構的豪宅支柱樑架，再把許許多多的重要格局歸納在其中，再由時間一分一秒、滴答滴答的運行，人類的命運就如此般的累積起來。

(二)對宮相沖的格局架構

在紫微斗數中之大宇宙之下，其實有許多小宇宙的連結。就像『直線形』的對宮、對沖的形式架構，以及三角形，鼎足三立之三合宮位之架構，以及十字形四方宮位之架構等等。每一種形式架構之連結，都是一個個小宇宙之連結。

在許多複雜的人生格局中，如果有吉的格局，會因為對沖的力量最強，而格局助人成功的力量也最強。如果是惡的格局，也會因為對沖的力量很強，而直接影響人遭災的力量增強。

例如：在吉格中，有『陽梁昌祿』格的人，而『陽梁昌祿』格的星曜在子、午二宮相沖照的狀況。則不論子、午二宮是『命、遷』一組的宮位，亦或是『財、福』一組的宮位，亦或是『夫、官』一組的宮位，而『陽梁昌祿』之貴格一定會在其人生中發揮最大之影響力。其人不但長相美麗，也會因會讀書、有文采而人生境遇特優。一生的成就會增高，會在萬萬人之人。例如前總統李登輝先生即是此貴格在『命、遷』二宮的人。幼年生活境遇雖不堪，但中年以後行運至貴運而登總統之位。

又例如，在命格中如果是惡格的『廉貪陀』在『命、遷』二宮的話，會因對沖關係，自幼便出生不正，可能為私生子，或父母被強暴所生之子，一生境遇不佳，常為人所鄙視、看不起。未來在人生中，自己也會再次重蹈父母之過錯而人生悲慘。

對宮相沖的力量很大，是大過三合宮位及四方宮位的。而且『相沖』多半是不好的、刑剋的。好的狀況只有三方之一或四方之一。這是大家要謹記的。

(三)三角形、三足鼎立式的格局架構

三角形的架構，能三足鼎立的形式存在之格局架構，最好就是以正三角形的架構為最佳。三邊會相等長。三個內角皆為六十度。這是最吉之吉相位。其他銳角三角形、鈍角三角形之格局架構，有

些不會形成，有些也算是刑剋不吉的。

在紫微命盤上，能形成正三角形之宮位和格局的狀況非常之多。尤其在紫微命盤上，**即稱為『三合宮位』**。就像『命、財、官』、『夫、遷、福』、『父、子、僕』、『兄、疾、田』皆是三合宮位。以及『申、子、辰』、『巳、酉、丑』、『寅、午、戌』、『卯、亥、未』皆是三合宮位。只要有貴格、吉格進入這些宮位，就會在其人生中遇有品階上升、事業有成就、財富能增進，或家庭和滿等吉事。如果有惡格進入，也要小心人生之不順遂。在流年上，也會每隔三年有一次好或壞的影響力會發生。

三角形之鼎足三立之架構，本來應是力量均等的，但是如果在鼎足三立中之某一宮較弱，此鼎足三立之架構也將會破壞、瓦解。**例如：**每個人的『殺、破、狼』格局都是三足鼎立的架構存在方式，但當羊、陀、火、鈴、劫、空、化忌這些刑星和任何一顆殺、破、狼的星曜同宮時，這種三足鼎立的堅強架構即破壞殆盡，其人容易失去打拼能力、而造成空轉。如果有文昌、文曲和破軍形成『窮』的格局。其人也會在流年運中逢到而造成空轉、無打拼能力的狀況。

通常，這種空轉狀況，在命格上稱為『破格』。『破格』狀況屬害的，會失去生命，身體有刑傷。而破格次之的，會打拼不對方向。自然人生的結果不是很好。『**破格』嚴重的**，有時其本人會成為煞星，對其他人造成傷害，刑殺他人。『**破格』輕的**，有時只是在某些時段做了一些白工，做事沒計劃，徒勞無功而已。或精神不濟、疲倦做不了事而已。問題不大。過一陣子就變好了。

有一些格局會在三合宮位上出現，例如：『機月同梁』格、『陽梁昌祿』格、『殺、破、狼』格局等等。但某些格局就不會在三合宮位上出現，例如『武貪格』、『鈴貪格』、『火貪格』無法在三合宮位組成，根本不會發。這也就是說：凡是需要『時間點』、緊迫的，往往狀況在一剎那間發生的格局，就只能出現在對宮或同宮之上。而出現在三合宮位的格局，勢必是四平八穩的，而且是會在流年運程中有波浪起伏狀況似的，更嚴格的說起來，這些格局也會是具有較大骨架，能撐起整個人生命運的格局。

(四)十字形的四方格局

『十字形的四方格局』，若以地支來看，就是『子、午、卯、酉』及『寅、申、巳、亥』、『辰、戌、丑、未』三組四方格局了。若以人事宮來看，就是『命、遷、子、田』及『兄、財、僕、福』及『夫、疾、官、父』等宮了。『四方格局』對我們有什麼影響呢？

『四方格局』中有一對『對沖』的宮位，再加上兩個旁沖的宮位，例如『子、午、卯、酉』這一組四方宮位中，若以子宮或午宮的位置來看，『子、午』是對沖宮位，『卯、酉』是旁沖子午的宮位。若子卯宮或酉宮的角度位置來看，『卯宮和酉宮』是對沖宮位，而『子宮和午宮』是旁沖宮位。

四方宮位的吉凶力道，主要是集中在對沖的那兩宮，當行運在旁沖宮位上時便並不是太強了。例如：有『陽梁昌祿』格在命盤之子、午、卯、酉之四方宮位上。如下例：李登輝前總統命盤是四方宮位加三合宮位所形成之『陽梁昌祿』格。『陽梁昌祿』格中最重要之『太陽、天梁』落在子、午宮上，而文昌在『申、子、辰』一組三合宮位中的辰宮上。

李登輝先生的命盤

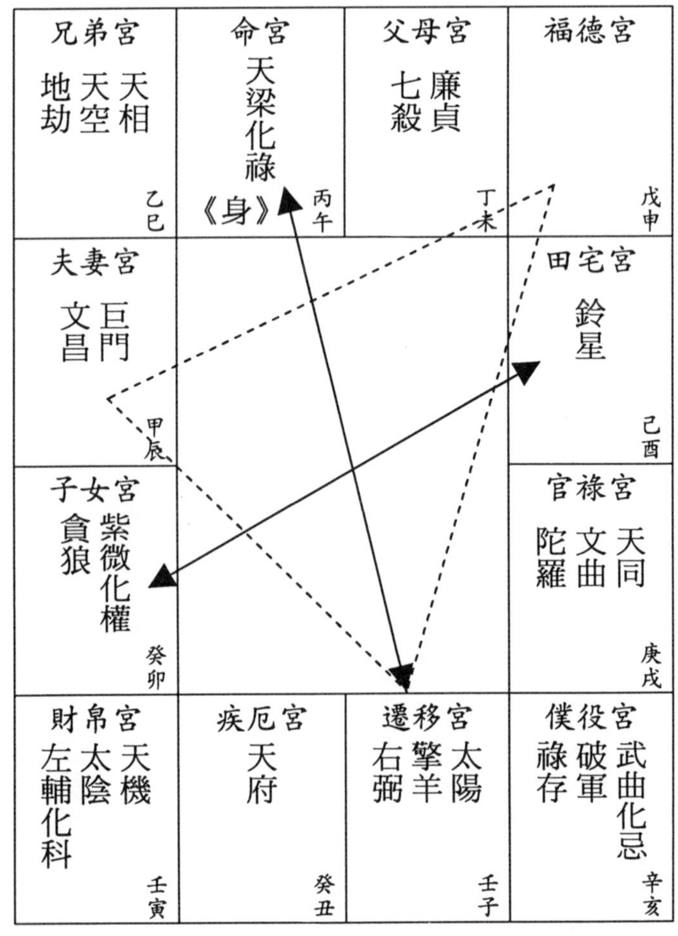
兄弟宮
天相 天空 地劫
乙巳
命宮
天梁化祿
《身》
丙午
父母宮
廉貞 七殺
丁未
福德宮
戊申
夫妻宮
巨門 文昌
甲辰
田宅宮
鈴星
己酉
子女宮
紫微化權 貪狼
癸卯
官祿宮
天同 文曲 陀羅
庚戌
財帛宮
天機 太陰 左輔化科
壬寅
疾厄宮
天府
癸丑
遷移宮
太陽 擎羊 右弼
壬子
僕役宮
武曲化忌 破軍 祿存
辛亥

能形成十字形的四方格局的格局並不多，大致也只有『陽梁昌祿』格和『機月同梁』這兩個格局了。同時這兩個格局的形式也並不是只限於四方格局的形式而已，同時也會出現對沖形式的格局、三合形式的格局等等。不過為一可論斷的是：這兩個格局都是影響人生整個『造化』的格局。

在每個人的命格中都有『機月同梁』格，會有做上班族的機會。但在所有人的命格中並不一定都有『陽梁昌祿』格。因此，有的人會讀書、喜歡讀書，能以讀書為職業，並以之為增高人生貴氣品階的墊腳石。但沒有貴格的人，則讀書辛苦，甚至做勞苦、低下的工作，人生貴氣品階不足，要往上爬很辛苦。因此會造就另外一種人生。

算命師算命要先檢查命盤上之人生架構。一、先看命宮為何？二、看命宮的三方四正之人生架構是否完美，有那些欠點的地方。所謂『欠點』的地方就是：是否『機月同梁』格中帶有羊陀、化忌、火鈴、劫空等刑剋之星？或是空宮多，又有煞星進入擾亂？或是格局不完全而無效。三、看格局之種類、好壞。

現在我們來看一下，人生必要的格局有那些？人生重要格局顯現出命運之脈象

當算命師拿到一張命盤時，首先看命宮主星為何？此星是否是在重要大格局之上的？譬如說：武曲坐命辰宮的人，必坐於『武貪格』之上。或『武貪坐命丑宮』者，也是本命為『武貪格』的人。又譬如說：天同坐命的人及太陰坐命者，會是『機月同梁』格之人。

這些人本命就坐於重大格局之上，自然此格局會影響其人一生至深，是不容懷疑的事了。又譬如：像已過逝的演員倪敏然先生，其人是廉貞化忌、鈴星坐命申宮的人。其人對宮有貪狼。故是『鈴貪格』帶化忌的格局，會影響他一生。貪狼本來逢化忌是不發的，可是廉貞化忌旁的鈴星發生作用，一定會和貪狼碰觸而爆發，故此人一生怪事很多，有時好、有時壞，連死亡時都帶有古怪。這就是本命在『鈴貪格』帶化忌的影響了。

凡是有爆發運的人，爆發會影響他的一生命運。有『機月同梁』格的人，是薪水族的命運會影響他一生命運。**有些人要到很老、六、七十歲才爆發**，年輕時都很窮，那表示此人的命格本身就窮。因此沒太多時間能用到那麼多大錢。

有些本命是『機月同梁』格的人，又帶有『暴發運格』。例如『紫微在巳』及『紫微在亥』命盤格式的人，其中，機梁坐命者、同陰坐命者、陽巨坐命者，皆為『機月同梁』格又加『武貪格』的人。如果這兩個格局皆無瑕疵，也爆發到財富，此人也算是人生歡愉快樂的了。但如果武貪格有了破格，或『機月同梁』格為破格，這表示此人一生聚集賺取財富的能力不足，為一窮命者。這時，其人就要好好用腦子想一想：要如何改進自己處世生活的方法才能把人生過平順了！不過，凡是有此現象的人，多半是聰明過頭的人，更不相信自己命窮，而固執的要東搞西搞，借錢投資，把自己更弄得一敗塗地。

算命師在算命之初，會先檢查該人是否有上述這些好格局，先檢查是否有完美的『機月同梁』格，或是『武貪格』、『鈴貪格』、『火貪格』之類。再看，這些格局又是分佈在該人的那些宮位？是在『命、財、官』呢？還是在『父、子、僕』等宮呢？檢查之後，就要看此人是否有貴格來加持了。也就是看此人是否有『陽梁昌祿』格了。如果有『陽梁昌祿』格之貴格的人，即使幼年運不好，人生坎坷，但可藉由此貴格增高自己主貴的力量而具有較高的社會地位。甚至於某些貴格不完整的人，也可藉由流年運在太陽、天梁、文昌的流運上，而有主貴的企機。我們看寶島歌王葉啟田先生，幼年貧苦、運不好，稍長而為走藝人生。但中年以後可選上立法委員，此即為流運上逢貴格之星而提升其人生品階。但他的人生架構中，並不見得有完美的『陽梁昌祿』格。但行運至太陽運、天梁運時也能稍嚐貴格之甜頭。如此的例子，中外一樣是屢見不鮮的。

『陽梁昌祿』格能幫助人聰明、上進、學習能力好。在走流運逢到此格上，人也會突然變聰明，好學起來，也懂得那些事是對自己有利？那些事是不好的，非常能明辨是非了呢？（關於『陽梁昌祿』格的問題，請看法雲居士所著《會使你升官發財的『陽梁昌祿』格》一書）。

其次，找出刑剋、不利的格局出來

算命師在算命時看完吉格之後，接著會為此人挑出刑剋、傷災、敗壞的格局出來。再看看這些格局是否會傷害此人的性命、身體、以及傷害，其家庭幸福，或傷害其求財的動力。

人生的刑剋種類繁多，大致可分為一、生命資源的刑剋，此種中包括命窮、困苦、早夭，或中途喪命以及無法生育等等。**二、為身體上的刑剋**，包括車禍、出血光、開刀、被強暴、斷肢及精神疾病等等。以上這些刑剋全都在命格上看得出來。

車禍的格局，如『廉殺羊』、『廉殺陀』等等，會在辰、戌、丑、未年發生。還有『武殺羊』格局，會出車禍，亦要小心被殺或自己殺人坐牢，會在卯、酉年發生。有『廉破羊』格局者，會在卯、酉年會發生受傷、喪命及開刀事件，要小心。有『廉相羊』格局者，亦會有受傷、吃虧事件。如果『廉相羊』格局中還帶有『廉貞化忌』者，亦要小心有先天傷殘現象。

在命理上還有一個觀念是大家所要注意的，目前有許多年輕男女之田宅宮不好，結婚後生不出小孩的狀況，這些也都屬於刑剋傷殘現象。

還有桃花格局會影響人生架構與成就

有一些人的命格大致看起來也不錯，甚至有『陽梁昌祿』格等貴格，但亦要看是否有桃花格局在命、財、官、遷、福、夫等宮出現。而且兼有刑星的話，其人一生的命運就會受桃花格局之影響了。還有命盤上，在寅、申、巳、亥、等宮有『廉、貪、陀』『風流彩杖』格局的人，如果這個格局又在上述等六宮之宮位出現的話，也會影響其人一生之命運，會使人無法有成就，只是一位默默無聞的人而已了。

另外從八字上來看，**八字地支上有辰、酉二字的人**，本身有桃花淫色之事，運程逢到辰、酉所代表之年歲，自然有桃色糾紛發生。如果再有『辰、戌』相沖，『卯、酉』相沖，則必會因桃色問題影響

命運而有凶事。

在斗數中，帶桃花的星曜很多，像紫微、貪狼、廉貞、太陰、天梁、文曲、天姚、咸池、沐浴、紅鸞、天喜都為桃花星。

桃花格局：則是有『文昌、文曲』同坐丑、未宮及『左輔、右弼』並坐丑、未宮兩種皆為桃花格局。如果此格局在官祿宮、財帛宮出現，其人會不一定有正常的工作，而靠異性供給財務生活。有時候也會有一個工作做樣子，但大多數的享用由異性供給。倘若這些桃花格局不在『命、財、官』等主要架構上，只在閒宮，如僕役宮、子女宮等，其人則會偶而才逢運逢到，而有桃花色情之事。不過，也要再看之有無其它格局可管制、沖剋掉此種桃花的狀況，有時也會改正。例如，最近算了一個命，此人即是有此種昌曲在僕役宮並坐的狀況，代表其人所好交之友，應該是與色情有關之人，或朋友中常有對其拋媚眼的異性，但其人的遷移宮無主星，只有天空星入座，且與本命宮的地劫遙遙相對照，其人身宮又在遷移宮，因此其人常腦袋空空，常急急跑出去，又忘了自己是為何出門的，又跑回家，回了家，又喜再往外跑。這樣來來回回的，其實一天也幹不了什麼事。自然他也沒看見公司裡周圍同事中有女性在向他拋媚眼了。因此桃花放空，安然無事了。

桃花格局會影響人生成就，必然是處在命格架構的主幹上（命、財、官）。這樣的狀況，其人也會賺桃花財（靠異性生財）。如果一生順遂，年老時再走桃花運，這也是不佳的，也必會影響人生結果。有些人老年時，覺得人生很虧，一生都沒多找幾個女人，因此，年老入花叢，自然此人是大運正走古怪帶刑剋的運氣，有古怪思想，或有邪淫桃花的運氣，其人終歸不會有圓滿結果的。

第六章　再看人之財富多寡

一般算命師為人算命，總是以財富多寡來論人性命。因為顧客也喜歡問財，或是顧客是專門來問財的嘛！

在命理中之『財富』，統稱為『財』。『財』的包括範圍很廣。包括了人類的用度，及幼年父母養育你所花費的錢財，包括了你嬰兒時期喝牛奶的錢、尿布的錢、上幼稚園到大學畢業的一切費用。如果你一直沒賺錢，住在家中，你父母養你的錢，也還是包括在你本人的『財』中。這在我的一本《你一輩子有多少財》的書中有詳細說明。

總之，命理的『財』，包括了健康的財，以及手中可用之財貨，以及個人周圍所有之資源皆列入『財』之範圍之內。因此身體有傷殘，往往在命格上也會看到『刑財』格局。人到死亡的境界，便是命窮到極致，而亡故了。可能他留下許多遺產，但那些錢財早已為他人之財產，實際在他將嚥氣時，他已什麼都抓不住了，不能任財了。所以『死』是命窮到極致，而有之狀況。因此，人只要活著，就多少有些『財』。

一般人要問的是『金錢』、『財貨』之財。算命師可用簡單的方法來看問命者的財。較普通的方法就是用斗數看時，看『命、財、官、遷』四宮有無財星入座。所謂之財星包括武曲、天府、祿存、化祿、太陰(房地產及薪水、銀行儲蓄之財)。

有的人把『七殺』也說成財星，認為使人好打拼賺錢，這是不對的。七殺是刑星，只會刑剋、耗費人之精力，豈能是財星？況且『武曲財星和七殺』同宮，就是『因財被劫』的格局呢！這豈可指鹿為馬？

另外『化祿』星是會依所跟隨之主星而變化。它就不一定是財星了。例如：**『天梁化祿』是帶有包袱的意思**，譬如說當人為壬年生人，有此『天梁化祿』時，便是當你有某個好處時，必有另一個要背負的責任或債務。就像李登輝前總統是天梁化祿坐命的人，當他存在在那個家庭之中，必有要負擔起照顧家庭的責任，他當總統，也勢必照顧反對份子，這就是他命格中之特性。如果是天梁化祿陷落坐命在巳、亥宮者，則會想照顧另外的人，但照顧不好而顧人怨，得罪一大堆人。所以『天梁化祿』不算是有什麼財了，吃飯的『財』

是有的，財富仍要看人之本命了。

還有關於『祿存』之財之大小的問題。很多人常問我，有些命理師把『祿存』星當做做大富翁之星。把『武曲、天府』也當做大富豪來看待。那更別說是把『武曲、天府、祿存』可當做超級富翁之命格了。曾有此命格的朋友跑來問我：到底他會不會成為大富翁？

我在很多書中，都會談到『祿存』是衣食之祿的財祿星。祿存是人基本存活之財祿。有祿存在命、財、官、遷的人，都有基本吃食，能賺取基本生活之錢財。並且當祿存和別的、其他的星曜同宮時，還會把其他的星曜變保守、變小、變無法發展。例如：當祿存和武曲、天府同宮時，祿存就把『武府』的財變小了，變保守了，變成稍寬裕一點的衣食之祿了，因此它反而限制了『武府』的發展，而根本無法成大富翁了。沉且就算有『武曲、天府』同宮的人，也

不一定會做大富翁。『武府』的財只是還充裕一點而已。

祿存如果和『紫微、貪狼』同宮，祿存會把『紫貪』的特性，變保守小氣，向外的行動力沒那麼強，會固執、只顧自己的衣食之祿了。自然把紫微的復建功能降低，同時也會把貪狼好運星的活動力也變小。通常命格中有祿存的人，多半為平民百姓，很少會有大成就者。這就是因為祿存只顧有衣食之祿而已。

如此說來，那到底最大的財富、富豪的財富在命理格局中會呈現出什麼樣子出來？

這個問題問得好！但無法用三言兩語說得清楚！

很多人在算命時，來問我：為什麼我的官祿宮是『武府』、『紫府』，我並沒成為大企業主？

很多算命師會告訴問命者，『武府』、『紫府』是第一流的財運，會成為大富翁。但是你如果知道比爾蓋茲的財帛宮是『破軍、左輔』。近日剛在台灣新開張的UNIQLO的老闆剛當上日本首富的柳井正的財帛宮是『文昌』，你就會奇怪，為什麼這些首富的財帛宮都不是財星入座呢？到底如何能知道財富多寡呢？到底紫微斗數能算出多少命呢？

在此，我要告訴各位，紫微斗數本身有其侷限性，常常相同的星『紫府坐命』的人，其數人間的富裕程度就各有不同，因各有各的境遇及賺錢方式。在『天時、地利、人合』方面相互配合的狀況不一樣，其人之財富也會不一樣。那我們到底要用什麼方法來判斷鑑定財富狀況呢？

很簡單！**紫微斗數是從八字變化出來的，再配合八字的看法，自然能分辨出該人的財富狀況了。**

紫微斗數是對於人之性格、該人環境周圍之事、該人與環境周圍人之感情交流問題、大致上之生活形態、事件有精確之推算能力。這其中也包括了運程中的計算，例如算大運、流年、流月、流時等，皆精準無比。但要算大的東西，如一個人一生所賺之財富確實數值，以及官位的最高品階，只能講個大概。最好能配合八字學便能得知較確實之數字。

算命師通常必須精通二種以上之算命方法之技巧模式。只用一種算命學理是無法精確的算命的。因此，要做好算命師的工作，必須不斷的充實自己，不斷多學習、多探討，這是窮其一生必須努力的工作。

通常用八字可以知道此人的富貴多少，也大致可推算出其人所擁有之財富數值。因此對八字學真正有研究的算命師才能真正為人算命。但目前坊間的算命師中真正有真功夫的人很少，以至於常為人選生辰、改命都錯誤百出。常有一些年輕父母為子女算命時，才發現先前所請之算命師幫忙找的嬰兒出生命格為主星陷落又帶有化忌者。這些父母十分不能接受，他們說：原先都是花了錢特別請人看八字的，算命師也保證這是最好的八字，但結果都是這樣，十分氣憤。

紫微斗數是從八字學中變化出來的。因此不可能八字好，而紫微命格不佳。縱使有這種狀況，那八字的部份，鐵定也好不到那裡去，只是一般民眾看不懂而已。一定是命弱及四柱必有沖剋之關係存在的。

能替人找嬰兒出生年月日的老師，必定是八字最高段者，否則就是誤人生命，誤人一生，這是十分不道德之事。會找到如此誤人子弟的算命師的父母，一方面本身運氣不太好，再方面要求不高，或是對自己的生活沒有太多期望，甚至對自己將要出世的子女也不存有希望，因此想隨便找個算命師找個日子生產一下就算了！熟不知，這是自己誤了自己，因為一但一個人出生以後，他便會帶有環境的影響力，會影響四周人的命運。有一些母親在將生產時不快樂、情緒低落的時候，更會容易生出不好運的小嬰孩出來。這往往是母親還正處於財窮時，內心情緒不佳，也慳吝小氣，不捨得花錢請較高段的老師找嬰兒的好生辰。

其實，每個人為求好運，應自己學習做好情緒管理，能做好情緒管理的人，就能常保持心境平和安詳，如此運氣也會變好。有好心情、好運氣的父母，自然會生出好命的小寶寶出來，如此也不必要找算命師挑生產日子了。除非顧客另有需求，要生出做總統或做部長的小孩，才要好好算一下了。

算命智慧王

看命中財富、行家有多種看法

算命師要看人命中財富，就以八字學來說，學問就很大，有多種看法。**例如：**

(一)看八字之字面上之財星多寡而定。八字上，日主和其他干或支的字，相剋為財。有多個財星的或能形財局的，必定多財。**但此法容易落入『財多身弱』不能任財**，反為窮命的黑洞之中。尤其在庚寅年，有許多命理師為新生兒找出生日時，為了給他財多的財局，而做出許多『財多身弱』而不能任財的命格，有此命格將來也會東做西做、一事無成。這就是：財星多見，並不一定是好事，必須『得宜』才好。

(二)八字中雖未見財星，但真神得用。而此用神為財星者，也必能主富，我們看最近在台灣開店，引起瘋狂排隊，其老闆又是日本首富的柳井正先生的命格，其八字中，就在字面上看不到任何一個財星。

例如：柳井正先生八字

己丑
丙寅
日主 **戊辰**
丙辰

柳井正先生日主戊土的財星是壬、癸水。但八字四柱上，並沒看到任何一個壬水及癸水出現。四柱土多，火重，是印星、比劫重重的狀況。日主戊土生寅月是本體虛弱，有印、比劫之助而強壯，但必須以財破印為用神。戊土的財星是癸水。故以辰中癸水為用神。此為真神得用而主富。況且柳井正先生的事業活動範圍一直都在北緯三十度以上左右之地活動。此次到台灣開店，已南移到北緯二十左右了。目前也只是一個開端而已。熱潮過後，其營業數字是否能一直維持是有待觀察的。因為柳井正先生命中火土重，愈接近赤道地區的地方位置愈對其不利。火土年更是其人之致命傷。其命格既要靠丙火印星相生，又為忌神。

(三) 有主貴的格局支撐者，會有一定的財富。

在八字中，四柱能成格局的，如『曲直仁壽格』、『飛天祿馬格』、『建祿格』等，都會有一定的財富在命運中。但也有人命格中有很好格局，仍然命不富的。就像『藤蘿繫甲』格，是依靠人生活的格局，又如何能富呢？

現代人常覺得有衣食無憂的生活就是『富』了，這和命理師的貧富觀念差很多。很多人有衣食是暫時運好，如果一遇到金融危機有工作失業危險而無可炊之米時，就很窮困。這種人生也算是窮困之例的。如果能一生都衣食無憂、充裕，不為生活上錢財煩惱的人才為小富。有些人先窮後富，有些人先富後窮，必須配合運程來看，才能得知其人生在那一段主富。並不是只是二分法，只有天生富命及窮命而已。

(四)八字四柱上天干上能見到一、二個財星的。大抵有中等財富。這也必須地支沖剋不嚴重，以及本命官煞不能太強才行。在紫微斗數中，雖財帛宮有紫府、紫相等星者，紫微只是一個極度會復建的星，因此也未必能生出極大的財富出來。只是它會讓其人財運過得去而已。**如果再有『紫微化權、天府』或『紫微化權、天相』在命宮、財帛宮、官祿宮則其人必定不富**。因其三合宮位上，必有武曲化忌存在。這是因什麼事一直有財務危機，而一直在想辦法復建及平災的狀況。而且其人一定也會有不善理財及價值觀異於常人，常透支享受，而負債累累。因此有紫微在命、財、官、遷的人，大多只是中等命格，要看財富多寡，真要好好看看八字來評估了。

看人財富多寡的問題，真的是無法三言兩語說得完的。算命師窮其一生，就是在學此等看財富的功力。功力高的，自然命看得準，同時也不用愁沒有顧客上門了。

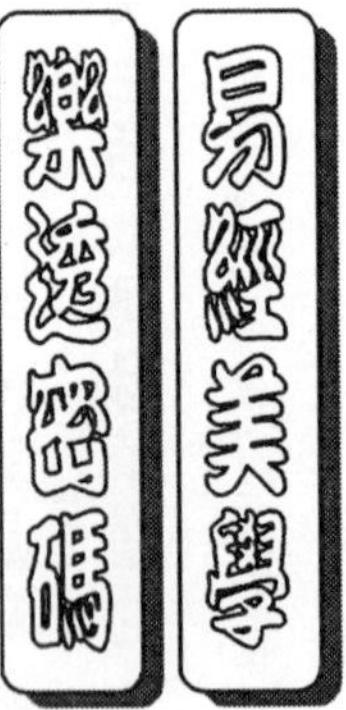

第七章　再看家庭美滿及人生過程

在所有人類的人生中，都被分為二大塊生活領域。一塊是工作與賺錢方面的。一塊領域是人生活中陪伴我們生活的感情世界及家人、朋友。在紫微斗數中，就很清楚的把這二塊領域劃分出來。

例如：『命、財、官、夫、遷、福』等宮是與我們工作能力與財富有關的領域。而『父、子、僕、兄、疾、田』等宮則是與我們有關的感情世界的這塊領域。

算命師通常簡化而稱之事業與感情為人生兩大重點。雖然人一生來這世界上，大半是來『求財』的。但感情還是主宰人類命運的舵手。人一生，來到這個世界上，最先感受到的是父母及兄弟姐妹對他的感情，再慢慢學習和父母及兄弟姐妹的互動，漸漸長大後會交朋友，談戀愛，又學習到了其他的感情模式。

從命理學家的角度來看，人之財富、事業皆不重要。最重要的還是家庭幸福的問題。試想想：一個人能一出生便在父母的疼愛中長大，兄弟姐妹也相處和樂，出外又有朋友、師長幫忙，又有順利的愛情及美麗的配偶，平順的生活，子女也乖巧可愛。人生中沒有什麼波浪。這是何等的幸福、幸運呢？又是何等的好命呢？

如果要達成這種好命、好運的人生結構，其實，首先要本人性格好，以及具有和周邊人類相互溝通、協調的能力，要懂得圓滑處世的方法，但又不是一味的懦弱，做爛好人，也是無法有好命、好運的。

要成就家庭美滿，從命理上講，也一樣是要從自身做起的。最重要是性格好，內心的感情懂得自己舒發，也懂得自我控制情緒，成為成熟的人。如此便是能具有家庭美滿者的基礎架構了。因此，我常為人找新生兒生日時，是非常注重其日主干支的，**因為『日干』是代表『我』這個人。而『日支』是配偶之位。同時也是感情模式孕育的地方**。日干支好的人，會性格好，有感情好的配偶，不會脾氣古怪、亂挑剔人。同時也是因為配偶是陪你過下半輩子的人，他可能從你二十多歲、三十歲便陪你到八、九十歲。如果配偶運、愛情運不佳的話，會中途換幾次配偶，感情上的紛爭會耗去此人的許多金錢、時間與生命的元氣。那又如何再來談人生成就呢？

實際上，由算命師的觀點來看，只要是有好配偶，與配偶相處融洽，已算是家庭美滿及人生已成功一大半了。因為這樣的話，其人不必在家裡鬥，向外打拼，夫妻合力，一定會有富貴的。

但是，家庭合樂是可遇不可求之事。某些事可靠你自己修煉。某些事則是一出生便已註定的事。怎麼樣也難逃命運的安排。例如：有些人的田宅宮是『武殺羊』格局，家中常打打鬧鬧不平靜。有些人的田宅宮是『廉相羊』格局，『刑囚夾印』格，常有吃虧，被欺侮，家人被很凶的對待。田宅宮有擎羊、陀羅、化忌者，皆為家宅不寧之人。要求家庭美滿就是強求了。只有多忍耐，保持中立立場，眼睛亮一點，以免傷身。

凡是『人』，都沒有十全十美的命格，所以人要過著『中庸』之道的生活，凡事不強求才好。

某些一出生便家庭殘破的人，以及幼年便失恃、失怙的人，以

及幼年便父母離婚、分離的人，在成年懂事後，應更強力的要維護自己的家庭美滿，不要重蹈覆轍。在適婚年齡時，要慎選配偶，更要慎選生小孩之命格。雖然小孩(人)都是應運時間的需要而誕生的。父母窮的時候會生出窮命的小孩，該小孩也一生辛苦。父母感情有危機時，家要破時，容易生出廉破坐命、天相陷落坐命、天機陷落坐命的小孩。這些人有時要靠奇遇才會翻身。大多是一出身即遇不好的環境，家中有家破人亡及生死分離的苦痛。這自然就不合『家庭美滿』的格局了。

人生過程是看命的重點

一般算命師在為人看命時，在人生過程這一段只是挑出幾件大事來評斷一下。有些人會覺得這樣是不夠的，但有些人的命理、命格真是乏善可陳的，只是一位平常百姓的命格。沒有可書可寫的偉大事蹟。也沒有令人擔心害怕的車禍、血光、開刀之類的事。大致上還算個好命啦！但他們則一再的希望算命老師提出更好的建言，這可真讓算命老師為難吧！難道真的告訴他：『你就好好的活著就好了！』通常這種命格的人，是在某個老社區開小雜貨店或鐘錶店的老闆命格。

人生命中有大起大落起伏過程的人，以『殺、破、狼』命格的人為『最』。其次是具有『武貪格』、『火貪格』、『鈴貪格』等暴發運格的人。其三，才是命盤上具有『廉、殺、羊』、『武、殺、羊』等惡格的人。

『殺、破、狼』命格的人，人生起伏大

『殺、破、狼』命格包括七殺、破軍、貪狼這三種命格，其實紫殺、紫貪、紫破、武殺、武貪、武破、廉殺、廉貪、廉破等命格也全包含在內。因為他們的命、財、官全坐於『殺、破、狼』格局之上，而且每隔三年就行一次『殺、破、狼』上的運程，所以有很規律的波動。這種波動就是走『七殺運』時，忙著打拼、努力。走『破軍運』時，會變化改造，也可能投資錢財，也可能花心血或投資體力，但卻算是耗費資源的運氣。走『貪狼運』時，是人緣好、機會多的好運年。運勢大漲，升官發財的事特別多。所以一般人的『殺、破、狼』弧線是『七殺運』平平，『破軍運』往下，『貪狼運』又是彈跳起來的旺運。但是並不是每個人的運氣都會一樣的。有些

人的七殺全和羊、陀、火、鈴、劫空同宮，如此，此人會打拼不出實力，不夠賣力，或打拼成空。有些人的破軍會和文昌或文曲同宮，或是和羊、陀、劫空同宮，易形成窮運及破耗凶、血光傷重之運氣，或有生命危險。如此就可怕了。有些人的貪狼會和擎羊、陀羅、劫空、化忌同宮，好運就難發了。凡是『殺、破、狼』格局中有一環和刑星同宮的，皆為『破格』，也就難有平安之日，人生起伏陷落的狀況就非常明顯了。

另外還有在『貪狼運』中逢到『武貪格』、『火貪格』、『鈴貪格』時，因爆發的關係，人生起伏也會更大，如坐雲霄飛車一般了。

所以，『殺、破、狼』命格的人，人生太平順，沒有起伏，反而會引發他們生病而難過。一定要有些波動，他們才感覺人生有滋味、夠勁！

就算是廉破坐命者，走到廉破運而大起大落，失去一切，又重新開始，他們也都能面對起伏的人生無怨無悔。

『武貪格』、『火貪格』、『鈴貪格』會使人大起大落，人生起伏大

『武貪格』、『火貪格』、『鈴貪格』都是暴發格。暴發格是人生最強最旺的運氣。但在暴發之前會有一段晦暗的日子。暴發之後呢？又有暴起暴落的日子。也就是說暴發的日子只有一年，或一個月，而之前的晦暗日子有兩、三年。之後暴落的日子也是兩、三年急遽暴落。因此有暴發運的人，其人心臟都很強。心臟不強的人，便會在暴落的日子裡謝幕亡故了。

凡是有暴發運的人，都會經歷過上述這種過程，無一倖免。但有的人可靠這種暴發格做為墊腳石，一級一級往上跳。最後能成為大富翁。但某些人不會理財，暴發時，窮極奢侈，暴落時也打回原形。這種人生的起伏，能泰然處之的很少。所以很多人都在暴落時香消玉殞了。

通常命理師都建議有暴發格的人，要在暴發運之前預作準備，做迎財神的動作，以來迎接更大的暴發運(此舉也能增強暴發運)。在暴發運的當時，其人會好大喜功，多耗費錢財，如此也要多所檢討。小心應對暴發運。以免暴落的日子提早到來。即使在暴發運之後有暴落的日子時，也要以平常心過日子，好好上班，做薪水族，過節儉日子，慢慢等待下一次暴發運的到來。

但是，幾乎沒有人聽得進去命裡師的建言。也幾乎沒有人做得到暴發運的事前預備迎接工作。這是因為有一些人還沒經驗過暴發運，有將信將疑的態度，於是用守株待兔的方式迎接試試看。另一些人則是曾經有過暴發運經驗，當得知即將又要暴發時，快樂得無以復加，每日興奮幻想：一朝致富想要享受的事。於是他們在暴發運之前都沒做好預備工作。在暴發運的當時，很多人又過於興奮、猖狂，有了錢財後，又拼命投資，不知節制。因此使後面暴落的時間提早到來。以致於後面暴落的時候，又哀淒的過日子。

我常告訴有暴發運的人說：『暴發運』、『偏財運』只是一個『點』的問題。正確的說，是一個『時間點』的問題。但迎接暴發運的日子，和暴落的日子，卻是兩個『面』的問題。或是兩個『帶狀時間』。這會比較久。因此，大家還是要謹慎以待之。否則，不是經過暴發運之後又打回原形，亦或是生命終結，問題都很嚴重了。這麼看來，暴發運對其人是好、是壞，都是很難說的問題了。

命盤上有惡格的人會大起大落

通常在命盤上有不好的格局的人，會在生命中有大起大落的狀況。**就像『紫微在巳』及『紫微在亥』兩個命盤格式的人**，因為命盤上空宮太多，有四個之多，再加上廉破及天相陷落二個宮位，就成為半壁江山皆為弱運。而這兩個命盤格式中又有『武貪格』在丑宮或未宮。因此運氣就像上、下沖洗一般，十分不可思議。但一般大眾中最多命格的人，即是這二個命盤格式的人。所以會哀哀呻吟的人也是這些人。這是命盤結構所造成的問題。但為什麼要有這種命理結構呢？這也是因為有這些人的命理結構，如此，才會產生如此的命理盤局呀！如此，又落於雞生蛋，蛋生雞的循環理論之中了。

另外，命盤上具有『廉殺羊』（『路上埋屍』格）、『廉殺陀』、『廉相羊』（『刑囚夾印』格）、『武殺羊』（『因財被劫』格）、或『半空折翅』格，或有『破軍、擎羊』、『破軍、陀羅』、『天機陷落、擎羊』在大運中的人，則多半會有墜落不安的運程，會令其人感覺到起落分明。雖無大起，但有大落。並且傷災頻頻。嚴重時，會性命不保。有些使人致命的格局根本就沒讓其人感覺到人生的起落，而直接命喪黃泉，結束了生命。所以人在經歷惡格時，挺得過去的，是生命中有起落運氣。挺不過去的，則毫無起落的感覺而直接死亡了。

所以，**算命師要為問命者仔細看人生的過程**，要再三叮囑會刑剋傷害其人之事，也要提醒會讓其人家庭美滿的方法及能增高其人人生層次的關鑑與方法。因此，算命師不但要是一個很好的聆聽者，聆聽問命者的訴苦，同時也要成為問命者的良師益友才行！

法雲居士⊙著

『紫微攻心術』是一本用中國固有的心理戰術，再加上紫微命理的對人性的分析，兩者相結合來觸動人心繼而相輔相成，達到你我雙方都雙贏的一本書。

『攻心術』一向在中國都是兵家最高層次的應用手法。現代人在不景氣的時運中想要突出重圍，努力生存及生活，其實也是和大環境及當前的生活模式做一番戰鬥，因此在變化異常的景氣寒冬中，對人際關係及職業賺錢的攻心術則不能不多通曉及努力學習了！

最先知曉及能運用『攻心術』的人，將是一手掌握商場天下之情勢的人。

第八章　再看人生才華與子女賢孝多寡

算命師會一開始算命時，便先挑出此人的才華來大肆讚揚一下。這是當來問命者本身有才華的時候，而能為之的。但是當問命者的才華平庸，人生乏善可陳時，算命師又該怎麼辦呢？放心！算命師都非常聰明！算命師會讚揚問命者的外表美麗、好命、聰明、人緣桃花強。總之，算命師有很多方法作為算命的開場白。

算命師看人的才華有很多方法。首先，會看問命者命、財、官的好壞，及有那些星？次看『陽梁昌祿』格是否成格？三、看文昌及文曲星的旺弱。四、看羊、陀、火、鈴、劫空、化忌的分佈。

(一)看『命、財、官』的好壞來看其人的才華有無

通常『命、財、官』三合宮位之中，命宮是表現意志、性格喜好取向的宮位。財帛宮是表現運用方法取財、取對自己有好處的宮位。官祿宮是表現行動力、收穫結果的宮位。因此，整個的『命、財、官』就傳達了：你想什麼、想要什麼、去做什麼、又得到什麼的整體結果。通常我們看人的聰明智慧，會看命宮主星與官祿宮主星。會不會唸書是一定要看官祿宮主星的。如果這人有唸書的才華，鐵定官祿宮不錯。就像馬英九總統是『陽梁昌祿』四顆星組成之格

局，齊集於官祿宮一宮的，自然他的才華就是唸書了。而且會在工作上有名，至最高位。

通常，官祿宮不佳的人，也是不聰明的人，因為學習能力也差，學不進什麼學問，自然沒有工作的能力與方法，即至人生的結果也會不算好的。不過，官祿宮不佳，也要看是如何不佳的方式，有時候，有擎羊、化忌反倒是因想得太多，或受到某些阻礙而工作不順，常東做做、西做做，或工作有一搭、沒一搭的，做做停停。有化忌星在官祿宮時也更是如此了。

但是，我曾算過一位看似好命閒散的中年發富的人。其官祿宮是『天同、太陰化忌、擎羊』，常待在家裡不外出工作。他是在三十五歲那年投資朋友的事業而發富的。他的朋友宮正是『武曲化祿、貪狼化權』。朋友能幫助他暴發。實際上他本身也沒什麼才能，因其人遷移宮有『太陽化祿、巨門』，因而他有對男性的協調能力。他的朋友皆是具有高科技能力，且脾氣古怪的人，他投資的公司中之工作人員也常不和，他只要一年去美加等地的工廠去安撫一下就行了。因為本身是『祿存』坐命申宮的人，本身很保守，喜待在家中，但就是有這種的命，有人替他賺錢。這也是他有溝通協調才華的關係吧！

大家都知道，『命、財、官』等宮位有擎羊星的人，適合做外科醫生、廚師、裁縫、法官等有決斷性的行業。命宮有陀羅的人，適合做屠宰業、喪葬業、環保回收、清掃類之行業。因此，認真的講起來，這些人也是各有其專業才華的人。因為能做此種決斷性行業的人，在命格上也必有其煞氣。『無煞不能身有權』，這是中國命理的至理名言。一般想做醫生，由其是想做外科手術醫生，可為人做開刀手術的人，命格『命、財、官、遷』沒有擎羊星的人，是很難做得下去，也很難做得好的。是故，這也是天賦異稟了。但是有了做醫生的格局，還必須有『陽梁昌祿』格會唸書，能考得進醫學院才行。否則只能做個蒙古大夫，看些不痛不癢的病。或是根本在醫學院徘迴，或等而下之，成為另外兩種帶刀行業的從業人員了。

(二)命盤中有貴格者，有讀書才華，人生層次會升高

命格中有貴格時，是最能顯現其人才華的狀況的，而且會被人崇敬景仰。所謂的貴格就是『陽梁昌祿』格。這是時辰生得好，有文昌和太陽、天梁、祿星(包括祿存和化祿)，四顆星一起在同宮、對宮，或三合宮位及四方宮位所形成之格局。

有『陽梁昌祿』格的人，較會讀書，學習能力強，領悟力快。更因為具有天梁這顆蔭星，而有長輩貴人的扶持和提攜而前途大好，升官及成名很容易。太陽是官星，著重事業，會在成績與事業上大好。雖然太陽陷落時仍能形成『陽梁昌祿』格，不妨礙前途，但太陽陷落時，仍會使其人前途及名聲沒那麼響亮與順利。

世界上做大企業之CEO、總裁，以及要做醫生、律師，要唸博士者，大多具有『陽梁昌祿』格，才能如願達成。如果『陽梁昌祿』格為破格者(有羊陀、化忌、劫空在格局中同宮)，或無法形成完整的格局者，則容易唸書半途而廢，無法達成，十分可惜。

(三)文昌、文曲的旺弱會主宰其人的才華

文昌、文曲在人命中是非常重要的兩顆星。由其當它們進入命盤上的命、財、官、夫、遷、福等宮時，它一方面主宰了你的外貌的美麗、氣質的高低，以及聰明愚鈍、計算能力的好壞、文墨的精通有無、才華的多寡、言語、體態的能力與美麗、應對的禮儀好壞、思想的深度、整潔、秩序的規律性等等，有數十樣之多的條件被設定。

當文昌及文曲單星在命、遷、財、官等宮居旺出現時，包括巳、酉、丑、申、子、辰等宮位，其人會長相美麗，才藝多又好。有文昌居旺的人，會有氣質高人一等。有文曲居旺的人，會桃花多、口才好，受人喜愛、人緣好、唱歌、跳舞、表演一流。適合做演藝人

員、社團工作、應酬及交際工作、公關等。

如果是文昌居陷(在寅、午、戌宮)在命、財、官、遷等宮的人，會長相粗俗，比較笨，學習能力差，比較慢。外表沒那麼美麗，會做較粗重、雜亂、低下的工作。不會做文職工作。**有文曲居陷(在寅、午、戌宮)在命、財、官、遷等宮時**，其人會沒有才藝，唱歌、跳舞、運動都不行，人緣交際、應酬之能力也差，口才差，常得罪人，也不會喜歡與人來往，會較孤獨。

當文昌、文曲雙星並坐在丑宮、或未宮時，是『桃花格局』。在丑宮是雙星居廟，若進入命、財、官、遷等宮，會其人長相美麗、婀娜多姿，如果是男性，也會以愛情、性關係為主，會擾亂其人生。此人易賺靠姿色享福的錢財。靠異性養活，而不想自己工作努力賺錢。唐朝時的楊玉環(楊貴妃)就是『天相、文昌、文曲』坐命丑宮的人。如果文昌、文曲並坐未宮，則其人姿色、氣質會差一些，這是因為『文昌居平、文曲居旺』的關係。

運動員及演藝人員的生涯高低，純粹要看文曲星的旺弱而定。文曲居旺時，其人之生涯之生命力較長。居陷時，生涯的生命力會短暫。有文曲化忌時，一生難出名。

文職及文藝工作者、畫家，要看工作的成就高低，也要看文昌星的旺弱而定。文昌居旺時，其人成就高，易有文名，能出大名。如果文昌居陷者，眼光差，鑑賞力、學習能力皆差，難有成就。

音樂家、舞蹈家靠的是文曲居旺。畫家、設計家、書法家、理財專家、金融業者，靠得是文昌居旺。這些才華早有分配。凡是與身體四肢的動感、旋律、韻律、節奏有關的才華，還有口才、說相聲、口技、吹奏樂器等皆屬於文曲星的管轄範圍。凡屬於精明、計算能力、圖形、線條的轉折、文字的組合、圖形的變化、文學、哲學、思想上的內容，皆屬於文昌星的管轄範圍。這在人命上是一點也不會弄混、弄錯的。而且會精密的執行其在人生中對人命運之影響力。

(四)要看羊陀、劫空在命盤上的分佈來看才華的展現有無

算命師當然知道一個人的命運中，就算有文昌星及文曲星居旺，但仍要看有無羊、陀、劫、空、化忌來同宮破壞，否則也是會才華成為半吊子，或半途而廢，不長久的。

當有擎羊在命、財、官、遷時，擎羊是刑星(刑剋之星)，因此其人不是太小心、太細心，就是太注意、計較某些事情而導致事情不成功。所以其人的才華如果是和『刀』有關的，做外科醫生為人開刀、廚師、裁縫、拿屠刀庖丁解牛，都是會很有成就的。而且其人有心計、多思慮、有計謀，適合想作戰計劃，也會有成果。但要小心血光之災。

當陀羅在『命、財、官、遷』時，陀羅也是刑星，其人會做慢吞吞又粗重、髒亂的工作。整理髒亂環境、做資源回收工作、收拾善後，以及做喪葬類事物較合適。有陀羅在『命、財、官、遷』時，其人內心多反覆煎熬、想得多、煩惱多、對人不信任，常白白讓時光流逝，非常可惜。但其才華是別人所不想做的事，他會做。因此還是會有人容忍他。

當天空、地劫在命盤上時，要看在那些宮位，會有什麼樣的狀

況。

當命宮有一個天空星，夫妻宮有一個地劫星時（或命宮有地劫星，夫妻宮有天空星時亦同），表示其人偶而會發發呆，空想一下，但狀況不嚴重。還是會有一點天馬行空的小才華的。

當財帛宮有一個天空星，遷移宮有一個地劫星時（反之也亦同）。表示其人常對錢財不注意，同時也不會理財與賺錢。

當遷移宮裡有天空星，官祿宮有一個地劫星時（反之也亦同）。表示其人對自己環境中的狀況不是很知道，以致常對自己工作判斷失誤。工作會東做做，西做做，是本人聰明有餘，辦事不牢。

當福德宮裡有天空星，命宮裡有地劫星時（反之也亦同），表示其人常有異想天開之想法，無法操勝算，因此常與成功及好運擦身而過。

當命宮有『天空、地劫』一起並坐入宮時，表示常頭腦空空，無任何才華，工作不長久，東做西做，隨遇而安，也沒有責任感。其人才華少。

當財帛宮有『天空、地劫』一起並坐時，表示手中常沒錢，也天生有福氣不必賺錢，而有人養活。自然也無什麼才華。

當官祿宮有『天空、地劫』一起並坐時，表示人生中常可不工作，或有家財可生活，或有人養活，十分愜意。其人才華少。

(五)人的才華也與子女宮的好壞有關

中國命理上，一向把人之才華與子女傳承好壞連上關係。因為子女為『我洩』。才華也是從我們身上所發出的，也算是『我洩』。

故子女在我們人生狀態上也成為才華的表現結果之一了。

子女宮有太陽居旺、天梁居旺、文昌居旺、或帶有祿星、化祿的，其人能有才華有成就。這也是能組成『陽梁昌祿』格的四顆星，因此才華能發揚出來。

子女宮有太陽居旺的人，表示你會生出好多個性格開朗，事業做得不錯的子女。同時你本身的才華也很多，能給子女很多教育及提供智慧的傳承。

子女宮有天梁居旺的人，表示你很會照顧子女，子女也很乖，很會唸書，學習力很好。你不但在生活上照顧子女無微不至，更會在知識資源上拼命提供子女，讓子女在人生的起跑點上比別人強，也會未來出大名、成大業。

子女宮有文昌居旺的人，子女是長相秀氣、氣質好，體面又有教養的人。而且學習能力好，計算能力也很好，未來做音樂家、畫家、文學家、哲學家、數學家、物理學家都能別成一派，會有成就。同時你自己也是以才華著稱於世的人。

子女宮有祿星時，表示你的才華和錢財有關。如果有化祿時，你的子女會性格隨和、好相處，未來也喜歡賺錢。如果有祿存時，表示你的才華很保守，只有一樣。你只會生一個兒子，他是性格保守內向的人，才華也不多。

子女宮如果有擎羊星的人，表示與子女緣份薄，他本身會不喜歡小孩，自己不想生養小孩，也不喜歡養貓狗。其人常是個很無趣的人。而且多少有一些怪癖。

子女宮如果有陀羅星的人，表示其人本身沒有什麼才華，而且也會一直覺得自己的小孩笨。其人所生的小孩不多，或沒生。

另外，子女宮是和田宅宮相照的，因此田宅宮中有羊、陀、火、鈴、劫、空、化忌時，也會影響到子女宮不佳，會沒有才華，或才華古怪。尤其是當子女宮為空宮，而田宅宮又有這些煞星的時候，情況自然明顯了。因為田宅宮代表女子的子宮，代表男性的造精之所。如果田宅宮有煞星時，女性的子女宮不好，有擎羊時會因病痛開刀手術拿掉子宮，有其他的煞星時，也會子宮有病變。因此生育機能不全。男性也是一樣，當田宅宮有煞星時，造精機能不佳，有病變，也會不能生育，也無多大才華。

昌曲左右

府相同梁

日月機巨

第九章　再看健康病痛、父母遺傳、生命之財之延續及壽元幾何

算命算到中程階段，算命師是一定要告之問命者，其人的健康情形如何？大致會有些什麼樣的病痛？因為中國的命理學和中國醫藥學同源。因此，命理上知道會容易生什麼病，再去給中醫把脈治療也十分清楚病脈狀況，治療起來藥到病除。不必再去東檢查、西檢查，找不出病因了。

第一節　看健康病痛

命理上有一套檢查病因的方法。什麼命格的人，會生什麼樣的病，大致會有分類與代表星曜顯示。如果『命理學』學得好的人，也大致能為人治病及教導人養生了。

健康亦是生命之財。而且是佔了命理、命格上很大部分的資源。如果本命不健康，居於瀕死消殞的邊緣，那一切其他的財都談不上了，也都是別人之財了。所以大家愛錢，還是先保護及好好保養身體，才能真正保有財。

要用命理來檢查癌症。通常在疾厄宮中及父母宮中有天空星、地劫星的人。大多有癌症基因，或父母因癌症病症失去健康，故其人更要小心，要投保醫療保險，有備無患。女性如果是『太陰、天空』、『太陰、地劫』或『太陰、擎羊』在疾厄宮者，更應注意乳癌、生殖系統的癌症，如子宮癌、子宮頸癌等。男子的話，也是要小心精囊癌、攝護腺癌、生殖系統的癌症等。例如：一九八〇出生的人，庚年生，有『太陰化忌、擎羊』在父母宮和疾厄宮的男子與女子，都要小心生殖系統、膀胱、肝、腎等癌症。

有一位朋友來問說：他的疾厄宮是『紫破羊』在未宮，又沒有天空、地劫，為什麼他會生淋巴癌呢？

『紫微、破軍、擎羊』在疾厄宮的意思就是說：紫微是五行屬土的星曜，破軍是五行屬水的星曜，再加擎羊，即是此人身體中水土不調，有刑剋。破軍多半與人體內的液體、流質物質有關，例如血液水份、消化系統的尿液及淋巴系統，及生殖系統的精液，及口腔或體腔的黏液、黏膜。況且：這位先生的疾厄宮又是在未宮，屬火土宮，因此其人必常火燥舌乾，易有脾胃及肝病，也會患糖尿病。糖尿病就是一種火症。有這種疾厄宮也表示這位先生的體內組織液水份少，血液濃度較濃，帶動氧氣和養分都不太順暢，會生淋巴癌的機率是非常之大的。因為淋巴循環系統是人體二大循環系統之一，另一大循環系統是心血管系統。人體中的血液靠著靜脈壓及滲透壓的作用，一部份變成組織液，組織液進入淋巴管後，即為淋巴液，會在全身流動匯集，最後進入左內頸靜脈和左鎖骨下靜脈之交會處，再進入血液，又再由心臟血管循環全身。

淋巴系統主要負責人身體的後天免疫的防衛及負責脂肪和一些維生素的吸收。

由此，我們可以知道紫微斗數中疾厄宮所顯示的星曜組合必定是有其依據的，只是平常的人不太會解讀而已。如果我們全都能解讀清楚，就能早做預防，並且好好養生，自己的健康就可好好維護了。

第二節　對於家族遺傳的問題

算命師看家族遺傳問題，主要看的是父母宮與子女宮的內容。自然，『父、子、僕』這一組合三合宮位就此問題來說，就非常重要了。

父母宮給我們的資訊主要是上一代及祖先遺傳給我們的問題。

這裡包括了聰明、智慧、財富的遺傳，同時也包括了生理上的遺傳疾病的問題。如果父母宮不佳的人，就容易得到遺傳自父母的疾病，因此有家族病史的人，必須小心。

子女宮是看自己本身會遺傳給子女的遺傳因子有那些。是從自己往下的遺傳因子的展現。

由此可知，父母宮好的人，會得自父母、祖先好的遺傳因子。父母宮不好的人，則會得到一些有瑕疵的，對其人不算好的遺傳因子。例如：父母宮有天空、地劫或有刑星擎羊、陀羅的，父母早亡的人，其人的健康尤其要注意，是非常容易得癌症和體質虛弱的。雖父母宮有羊、陀，但父母並未早亡的人，是和父母情份較薄、較不和，父母給你的資源少，父母給你的資源是你不需要的，你需要的，他不能給你。也要小心肝腎的遺傳疾病。

父母宮有化忌星的人，是父母或祖先輩遺傳了一些古怪的因子給你，這有些是在脾氣、性格方面，有些則是在血液、身體當中，要細心分辨才看得出來。

另一方面，子女宮不佳，或生不出小孩出來的人，其人會遺傳給子女的先天體質就不太好了，如果勉強生出小孩，例如做試管嬰兒等等，雖能保有自己的基因，實際上，只是多延續一代而已，接下來是否還能生育也是很大的問題，終歸還是會絕嗣的。

有一些被領養做養子或養女的人，有些已不知道親生父母狀況了，只看自己的父母宮是不足以斷定遺傳如何的，因此要兼看福德宮的吉凶。因為有些人移花接木之後反而有好的際遇、好的環境，這可能使某些原生家庭的所帶有的遺傳疾病不發作了。就像原生家庭中的父母原有糖尿病的，因小孩從小送人做養子，而此養子在養父母的家庭中長大，生活習慣和原生父母家庭不一樣了，後來也沒有糖尿病。這是因為生活環境和習慣的改變，水土不一樣的關係使然。

第三節　看人生壽元幾何

如何看人生壽元幾何，在命盤學上稱為『斷壽元』。是指評斷壽命到幾歲終了之事。通常，人都不喜歡知道要死的事，縱然有些人隨口問問，也不一定真心想知道自己會活幾歲。但是『斷壽元』之學問很大，是『斷人生死』嘛！而且也是算命師必學之項目技巧。以便問命者有須要時，來解答。

通常有幾個狀況會有來『斷壽元』的。(一)例如車禍、傷災之傷者昏迷很久，不知會生會死的。(二)家中老人在彌留狀態時。(三)新生兒、早產兒有狀況時。(四)年紀大的人要預作後事安排時。

當然！倘若你是一位想一輩子都過得清清楚楚、一絲不苟，把所有的事都親自安排好的人，你也會在年輕時，就預先預知壽元幾何，事先把人生都安排好。不過！這樣的人不多而已。

『斷壽元』的方法

『斷壽元』**最簡單的方法**，就是利用紫微斗數的命盤來看：在『擎羊迭併』之年，即是終了之期。『擎羊迭併』格局是指大運、流年、流月『三重逢合』之年、月、日，會性命終結。但這也不一定是鐵定每個人都準確的。有的人有『廉殺羊』、『廉殺陀』格局，年紀輕輕的，等不到『三重逢合』之期，便因車禍等殞命了。有的人年紀輕輕的，得了癌症末期，也易早亡了。因此我們最好還是以『八字』的刑剋狀況，以及『八字大運』與喜用神之吉凶配合狀況一起來斷定，才會準確！

正確的方法就是：紫微斗數與『八字』二種方法一起配合來看。先把紫微斗數中之『擎羊迭併』之年歲算出，看是幾歲的時候，又逢於什麼年。再將『八字學』中之八字沖剋所代表之年份標出來。再把忌神當值的年歲算出，再和斗數所算出之凶年相比較，自然可得出一個正確的歲數出來。此歲便是壽元終了之期。

另外：要提醒算命師一點的是：客人不喜歡談壽元之期時，切勿自作聰明的要談。但有性命之災時，也一定有責任義務要講到，要提醒安全，才是論命之道。

第四節 看生命之財之延續

這一節講『生命之財之延續』，大家一定想：是要談如何『續命』吧？

其實，不是！要『續命』的話，命理上有『陰騭延年』的用法，能續命，也就是多積陰德能『續命』。其它就是要靠自己小心了。

這裡要探討的是另外一個命理問題。

當命理師在論命時，有時會發現：某位來問命者有『死後身榮』的命格。某些軍警業人員，在命格中有此格局，容易因功殞職，某些人的家人會得到撫卹金，便了事了。但某些人殉職後會受到盛大的表現，立銅像、標幟、被授與勳章，或一條何、一條街道都用其人名字命名。這就是『身後殊榮』。在命理上稱為『死後身榮』。這種狀況就是『生命之財的延續』。

畫家梵谷，在活著的時候，非常貧困潦倒，沒人能瞭解他的繪畫優點，但死後名聲大作，都在拍賣場上有億萬美金之價，這也是『生命之財的延續』。這是因為其人活者時都是走不合他喜用神需要之大運。簡而言之，活著時走衰運，忌神當到，固然會窮困了。但本身有才華，如果又能得到好好的保藏的話，當其人雖也不在人世，仍可繼續推算到該人喜神、用神當值的大運年歲，便可有再次名聲大好的機遇了。**但這有一個前題是：**其人必須有貴格在命格之中，才可能成事。軍警業要有武貴格局。文人、畫家、官員要有『陽梁昌祿』格才行。

至聖先師孔子，也是命格中有『陽梁昌祿』格的人，本命八字為『庚乙化金格』，用神以金水為主，從其旺氣。因此，每逢金水年，孔子都會受到盛大的推崇與祭祀。二〇一〇年(庚寅年)，台灣總統馬英九先生也特別參加了這次祭典，台北孔廟並呈現八佾舞及三獻禮，以示崇敬。

法雲居士⊙著

陰陽五行自古以來就是命理學和中國醫學的源頭及理論的重要依據。

命理學和中醫學運用陰陽五行做為一種歸類和推演的規律，運用生剋制化的功能，來達到醫治、看病、養生的效果。因此命理學和中醫學既是相通的，又是同出一源的。

上冊談的是每個命格在健康上所展現的現象。下冊談的是疾病因命格不同所產生的理論問題。

教您利用流年、流月、流日來看生理狀況和生病日。以及如何挑選看病、開刀，做重大治療的好時間與好方位，提供您保養身體與預防疾病的要訣。

紫微斗數自最能掌握時間要素的命理學。生命和時間有關，能把握時間效應，就能長壽。此書能教您如何保護生命資源，達到長壽之目的。

第十章　再看兄弟、朋友資助與否、有無助益

在一個人的人生中，要工作、要生活，都是需要有周圍資源的支助與幫助的。在人類的支助系統中，一種是縱向的支助系統，一種是橫向的支助系統。『縱向的支助系統』是有關於父母、祖先、師長、長輩、老闆、上司的幫助及提攜的助力。而『橫向的支助系統』則是平輩間、兄弟姐妹及朋友、同事間的互相幫忙的助力。有了這兩大助力系統之後，我們的人生會過得較順遂，成功立業會快速一

點。

中國人自古以來就有『上陣父子兵』、『打虎不離親兄弟』，這些諺語、俚語。這也表示中國人自古以來也十分重視親族間的助力問題。無論如何，無兄弟姐妹的人，就要更注意交友方面的問題，否則就會孤立無援與人生孤寂了。

兄弟宮對人之影響

在命理格局中，因格局而形成失去『縱向系統』及『橫向系統』雙方面的助力的人，就是『祿存坐命』的人。因『前羊後陀』的關係，父母宮有擎羊，兄弟宮有陀羅。因此，祿存坐命的人很孤單，常為養子或『獨孤丁』。性格保守、內向，少與人往來，人生的發展也不大。

在命局中，會因父兄得利成功的人，就是命格為『明珠出海』格的人了。『明珠出海』格的命格是指『空宮坐命，對宮有同巨相照』，父、兄二宮有左輔、右弼，或是疾厄宮、僕役宮有左輔、右弼的人，這兩種狀況都能形成『明珠出海』格，但最重要的還是要有標準完整的『陽梁昌祿』格才行。單星有左輔、右弼的功能仍無法主貴。一定要有貴格才行。其實真正在『明珠出海』格中，以左輔、右弼相夾遷移宮者為佳。這樣僕役宮的貪狼加一個左輔或右弼，表示有朋友幫助增加或帶來好運。另一個右弼或左輔則與疾厄宮的武相同宮，在健康上有幫助。如果『左輔、右弼』在父、兄二宮相夾命宮的人，其父母宮有『破軍』加左輔，或『破軍』加右弼，而兄弟宮是『紫微加右弼』或『紫微加左輔』，則表示其人家窮，或有發生父母輩的問題，或是父已亡故，其人有長兄、長姐撐起家計，由他們帶大。要不然，由其兄姐的帶領，推薦其人才能出人頭地。

如何來論斷兄弟宮好壞及有無助力

想要論斷兄弟宮之好壞有幾個方法。一、兄弟宮有殺、破、狼及羊、陀、火、鈴、劫空、化忌時，都是不好的兄弟宮，算是沒助力的。但是**兄弟宮有『貪狼居旺』的人**，他沒感覺跟兄弟姐妹不好，只是相互不能瞭解、溝通而已。常常兄弟姐妹運氣比他好，有時也會拿點東西送他，所以他覺得兄弟姐妹的關係還不錯。因為他只是看見一些小利上，貪便宜的心態而來論斷的。

又例如：**某些人的兄弟宮有一個天空或是一個地劫的人**，平常他就不會想到要找兄弟幫忙，所以也不覺得兄弟間感情有多深多淺。有時候其人會兄弟少或無，或與兄弟相隔很遠，很少見面或來往，因此也不會想到找兄弟幫忙之類的事。更有些是同父異母的兄弟姐妹，或年歲差很多的兄弟姐妹，彼此之間少來往，也就無助益了。

兄弟宮有化忌的人，表是與兄弟不合，多是非。兄弟有古怪的脾氣，較難相處。以及兄弟姐妹間定有某種糾紛而導致不合，相互怨恨。當兄弟宮有刑星、羊、陀、化忌很嚴重時，必然也會影響你的僕役宮和朋友關係也會不好。因此你也會孤獨及難成大事。

不好的兄弟宮，就是兄弟宮受刑剋了。但是兄弟宮中的星曜也代表會因什麼事而和兄弟關係不佳。**例如兄弟宮中有天機化忌的人**，是兄弟有古怪聰明，和你理念不合，從小就談不來，長期彼此

有怨言而不合。**例如兄弟宮有貪狼化忌的人**，兄弟的脾氣古怪，運氣也古怪，人生起伏大，也會孤僻不合群，和你合不來，關係不佳。例如：**兄弟宮是『天機、擎羊』的人**，兄弟是聰明又愛搞陰險的人，你根本搞不過他，常受陷害，因此兄弟不合。例如：**兄弟宮是『貪狼、陀羅』的人**，表示你的兄弟是思想和你不一樣，又貪心、又讓人覺得他很笨的人，你根本懶得和他說話，跟他特不合，也希望他少來煩你。

兄弟宮好的狀況

兄弟宮好的狀況，即是指兄弟宮無煞星(羊、陀、火、鈴、化忌、劫空等)，而兄弟宮有吉星居旺，如紫微、天府、天梁、太陰、天同、

太陽這些星居旺稱之。

當兄弟宮有天梁居旺時，表示家中有長兄、長姐當家主事，會很照顧你。未來你在外面，即便遇到年紀比你長的朋友，他們也都會照顧你，對你好。因為天梁星也是『陽梁昌祿』貴格的一環。因此兄弟對你的人生助益很大。

當兄弟宮有紫微星時，表示家中兄弟、兄長中有地位高、成就好的人，也能在某些方面對你有幫助，會為你做消災解難之事。

當兄弟宮有太陰居旺時，表示你的兄弟姐妹對你都很貼心，對你疼愛。他們較易做薪水族，但會力挺幫助你。

當兄弟宮有天同居旺時，表示你的兄弟姐妹都很溫和、好相處，兄弟姐妹也很世故。他們會在玩樂時，常找你一同餐敘享樂，平常有麻煩的事很少找你。

另外要提一下的是：兄弟宮有天機居旺時，並不一定是好的兄弟宮，兄弟雖聰明，但兄弟手足間多是非爭吵，各有各的聰明搞怪，無法團結，根本是一盤散沙。**兄弟宮有天機居陷時**，則兄弟根本是成就與做人程度很差，不入流的人。常找麻煩，要人幫他解決。**兄弟宮有巨門居旺時**，表示兄弟的口才好、有辯才，常引起是非爭端，反正你也說不過他，會不惹他為妙。

如何論斷僕役宮好壞及有無助力

在前面一章節中，曾舉例有一位先生得朋友之力而爆發了財富成為有錢人。這是朋友宮(僕役宮)有『武曲化祿、貪狼化權』的人。這種朋友對其人生的助力也就夠大的了。雖然如此，這位先生也必

然擁有超級協調能力。因為有如此朋友宮的人，其朋友必然也是能力超強，人際關係未必好的人，因此，他若想控制朋友，使其為自己賺錢，也必然擁有別人能信服的交際手腕，他的朋友才會真心的、甘心的為他拼命努力賺錢。

另外，我們看多次成為台灣首富的蔡萬霖先生是『天府坐命酉宮』的人。他是以保險業起家的人，保險業本身就是一個靠朋友運起家的行業。而蔡萬霖先生的朋友宮正是『天同、天梁』。表示朋友是溫和、世故、好管閒事、喜歡聊天，又喜歡幫助別人的人。因此正適合幫忙拉保險了。僕役宮也是看部下、屬下的宮位。因此他有很適合的團隊幫他工作。他也會舉辦許多休閒活動來攏絡部下與顧客。

鴻海集團的郭台銘先生是廉相坐命的人，其僕役宮是太陽居旺，表示他的朋友與部屬都是與工作有關的人。朋友和部屬都是陽剛氣重、很開朗，重視工作業績的人。因此可以一起打拚事業。如果不是這樣的人，是很難進入他的環境之中成為他的朋友或部屬的。因此想到他的電子公司中工作的人，也要先有體認，自己是不是個以工作為第一職志，為了工作、賺錢可不顧一切的人。如果不是，你要先別做進入他的公司領高薪的夢，因為就算是你進入了，最後也會受不了而離職的。

還有，僕役宮有天相在得地以上位置的人，都有很好的朋友運。朋友或部下會幫助你工作或照顧你生活所需。你也會為朋友們很忙碌、打點他們所拜託的事。因此，有這種僕役宮的人最適合做公僕了。做里長、鄰長，或民意代表，都能熱心服務民眾，毫無怨言。

不過，**當僕役宮是天相陷落時**，便不好了。表示朋友都是沒用的人，

會懦弱、沒擔當、怕事，對你沒助益，只會拖累你。

僕役宮如果有天同在居平以上的位置，不落陷的話，都還算好的，表示你的朋友和部下是性格溫和、世故的人。平常和你往來都是來找你玩樂、休閒，不太會找你一起工作。因此你在忙時，也不會找他們。只有不忙時才找他們。如果你真要找人幫忙，你可能會找一些平常你並不很熟的人來幫忙做事。而原先很熟的朋友仍留著有空玩樂時才找他們。

僕役宮如果有天同居陷，必是同巨俱陷落同宮的狀況。表示朋友間是非口舌多，斐言蜚語、謠言多，也會彼此傳遞八卦消息，有時自己也被牽涉其中不能脫身，朋友無助力，其人也無用人之識，請佣人、幫傭都難駕馭。

有一些人的兄弟宮好的話，僕役宮就不好。例如：太陰坐命的人，兄弟宮好，都有一顆天府星，喜歡跟兄弟姐妹混在一起享受休閒生活，很快樂。但僕役宮都有一顆七殺星，表示他們對外人都有一些防範心。他們內心很內向，覺得外邊的人都較凶。而事實上，他們性格較溫和，而其朋友確實是有較凶悍及侵略性強的人。因此，太陰坐命者當宅男、宅女的人也不少。這樣一來，朋友對他們就談不上幫助了。而他們的兄弟姐妹對他們的幫助也有限，最多可能是相處時的吃喝玩樂或生活上一點週轉金而已。反而可能是他們比較細心，對兄弟姐妹較有幫助。

其他像貪狼坐命者的狀況也大致和太陰坐命者相同，他們多半也是和兄弟姐妹要好。尤其是和姐妹感情好。因為其兄弟宮是太陰的關係嘛！貪狼坐命者因為本身性格問題，他們不太願意告訴別人他內心的想法和感情喜好，害怕被別人知道來利用或反而成為別人

話柄。他們非常小心，甚至很多話連父母和配偶他都不會說，但會和姐妹商量。會把心事和姐妹分享。

貪狼坐命者的僕役宮會因其命宮坐落的位置不同，而僕役宮所落之星曜也不同，但他們的朋友大半是『機月同梁』格的人，這和他本命為『殺、破、狼』格局的人磁場不相同，自然不見得合得來。再則，貪狼坐命者本身喜歡保守自己的秘密，因此不會和人很熟。他們和朋友的交往，只是寒暄一下的點頭之交而已。大家都認為貪狼坐命者的人緣好、桃花多，他也很樂於保持這種『萬人迷』的形象，實際上，他不喜歡別人黏著他。除非是他有需要的人，你才會常常看見他，否則他一直是很忙的，打個招呼就閃人了。

就算僕役宮有貪狼好運星的話，要像前面說的那位靠朋友發財的先生那樣的僕役宮是百遇而不可一求的。大多數的有貪狼在僕役宮的人，實際上都和朋友不太熟。他的朋友都很圓滑的會躲著他，要不然也很快就溜了，他也不瞭解為何是這樣，但他真的不瞭解朋友的性格或相處方式。看見朋友都很好運，要靠過去，但他們卻常躲開，不肯與他熱絡交談。久而久之，他也不想靠過去了。

僕役宮不佳的話，大概都該靠自已努力打拼了。但是當要到緊要關頭，面試考試時，或工作面試時，就容易滑鐵爐了。另外要做大事時，也很難找到幫手共襄盛舉的，因此要做大企業是較難的。

第十一章　再看大運當逢及流年幾何

算命師在論命時，是一定會論及流年好壞及當逢大運好壞的。很多來問命者，會想要算命，就是運逢衰運，做事老是不順，或是發生重大事故及傷災，或是家中常有不幸之事，因此想改運或想找算命師問問為什麼會這樣？

當然，很多事都是年的標的、月的標的、日的標的、或是時的標的，還要加上大運的標的，都運行集中到一點上了，就是成為十字型交叉點的中心點了，這才會發生的。不論是好事如『暴發運』、

『偏財運』，或是惡事如傷災、車禍或破財、倒閉，或是失業、掉錢之類的事，都是在一個時間的交叉點而發生的，因此每個人有無數個好事的時間交叉點，也有無數個壞運的時間交叉點，只要利用『大運、流年、流月』的算法，即能得知此時在何時？**如果是好事就多努力增強自己來迎接好運**，例如『陽梁昌祿』格所逢到的年份則應好好準備考試的內容，去參加考試，或是在工作上加強努力，一定會升官、升職的。**如果是衰運、窮運，或有傷災的流運**，則可預先留一筆錢(特別款)，等窮運時急用。或是在有傷災的日期(先預算出來)，要小心謹慎。最好先算出當日發生之時間，在那個時間內勿外出走動。即使在家中也要小心，以防滑倒或外力受傷。

有一回，有一位來問命者告訴我，他先前去找一位很有名的算命師從頭到尾都沒幫他說到大運、流年之事。那位算命師一直誇他命好、運好，但說不出好在那裡。但卻說到：如果要改運、要改得更好，則需很龐大的改運費來做生基，會更好。

目前，世道很亂，很多算命師不甘於只賺一點點算命錢，而經營多種類銷售。**例如：有的算命師和裝潢設計師合作**，因此希望向來問命者推銷風水陽宅改建、改裝潢來改運的意見。事實上，在命理上，如果這個空間氣場不好，根本之法是人要離開，才行的。而不是可用改運、改裝潢來改善的。如果改裝潢了仍不順怎麼辦呢？

有的算命師賣起了水晶八卦陣，和崑崙玉的圖章，或是貔貅、玉獅、百寶盆等等眾多改運、增運物品，這種算命師實際上是以商人的心態自居，因此不會重視本業『算命』的，他們只會拼命向你推銷商品，以達到他自己荷包滿滿之意圖。

有的算命師賣保險、拉保險，尤其看準了來問命者必有很多傷病問題，攻其弱點，好推銷成功。

算命師的本職是為人解讀命理現象，告之預防的方法及即將發生的時刻。或是預測前途吉凶，好提醒早做預備。算命師不能引導別人用迷信的心態去相信一些和用無生命的物質帶有靈性之說，來改善自己的困境。這是不太可能的事。

吉星與凶星參半的流運看法

算命師看『大運、流年』，自然受當運吉星多者為旺運，凶星多者為凶運、衰運。但常逢到吉星與凶星參半的狀態，要如何來判斷呢？

其實不難，只要注意幾個重點就好了！

(一)**首先，要看主星的旺弱如何？**如果主星居旺的話，再看相陪的星曜的旺弱，或看相陪的星曜有那些？比較凶的刑星就是擎羊、陀羅、火星、鈴星、天空、地劫、化忌等。也要看其旺弱再來決定其相刑剋的輕重。

(二)**要看主星是吉星還是凶星**。如果是紫微、天同居旺、天相居旺、天梁居旺、天府這些都是吉星。如果是殺、破、狼，則要注意！看是什麼事，它會是算好的。看什麼事，它會是算壞的。**例如：七殺會打拼，能奪財，是好的部份**。但易有傷災、血光、拼鬥、械鬥、相爭、性情凶暴，是不好的。**破軍星也是會打拼、出戰、劫掠，在作戰或開疆闢土方面是好的**。但在太平時期易破財、破身、倒閉、消耗過多則是不吉的。**貪狼是在好運方面是算吉的**，在貪心及桃花方面會使人遭災，以及做事馬虎不用心，也會使人釀災，為不佳。

當紫微遇到擎羊時，是『奴欺主』的格局，便會懦弱。趨吉及修復的狀況較差，也會受人欺負，使運氣轉好的狀況沒有那麼好了。還有，**紫微在命盤上所處的宮位，則代表是此人全部運氣中最好、最高的旺運運氣**。在十二個宮位中有十一個宮位全都居旺、廟之位。但是唯獨在子宮居平。因此命盤『紫微在子』命盤格式的人，也代表是所有命格中旺運程度的最高點是比別人低很多的。

此外，在『紫微在巳』及『紫微在亥』兩個命盤格式中，因為有『武貪格』的暴發運格。如果格局完整完美的話，其旺運甚至會高過紫殺運。

紫微在與殺、破、狼同宮時，因為要安撫這些煞星，因此趨吉的力量大多受到牽制與降低。但如果『武貪格』中又有煞星，成為破格的話，『紫殺』的運氣還算是此人命盤中最高旺運運氣的話，那此人的旺運程度即可說是非常平民化的旺運程度了。其人一生也不容易有大成就了。

(三)

算命師有義務為問命者評斷當前運氣的好壞，及告知未來運氣的走向。很多人都是在走衰運走了很多年，心情很悶才來算命的。有些人也是拖到衰運快結束了，才來算命的，心裡卻想算算看，何時才能出運？從來沒有人在一開始逢到衰運時就跑來算命的。**因為大家都會想：**衰運只是一時的，應該很快的會過去。但等了很久，一件一件煩人的事不斷發生，真是受不了了，才想到找算命師幫忙看看。**通常，大運逢衰運，運氣不好的時間久，**有十年之久的時間。如果有兩三個『大運衰運期』連著，

這人生的大半時間就完了，尤其在人的青年、中年時期大運不好，人生格局層次會極低、打拼無力。是故，世界上有名望、有成就的人，多半是大運好又堅實，又能併發暴發運的人。**因此看大運好壞有一個規則：大運是所有運氣中最龐大、為主的一股運氣。**其下分枝是『流年』大運，包括十二個流年。流年的分枝是流月，流年又包含十二個『流月』。『流月』的分枝是『流日』，『流月』包含大月三十日、小月二十九日(陰曆月份日數)的『流日』。『流日』包含十二個時辰，稱為『流時』。『流時』中還有以每十分鐘為一單位之『流分』。

大運

（管十年運氣。有兩年會移交上面及下個大運。）

流年

亥戌酉申未午巳辰卯寅丑子
︿︿︿︿︿︿︿︿︿︿︿︿

流月

（十二個月）

十二月 十一月 十月 九月 八月 七月 六月 五月 四月 三月 二月 一月
︿︿︿︿︿︿︿︿︿︿︿︿

流日

（大月） 初一 初二 初三 初四 初五 初六 初七 初八 初九 初十 十一 十二 十三 十四 十五 十六 十七 十八 十九 二十 … 三十

（小月） 初一 初二 初三 初四 初五 初六 初七 初八 初九 初十 十一 十二 十三 十四 十五 十六 十七 十八 十九 二十 … 二十九

流時

（十二個時辰，一時辰為二小時。）

亥時 戌時 酉時 申時 未時 午時 巳時 辰時 卯時 寅時 丑時 子時
︿︿︿︿︿︿︿︿︿︿︿︿

流分

（以一時辰二小時中有 120 分鐘來除以每 10 分鐘為一個單位。）

算命智慧王

看大運、流年、流月的規則

看流運，都是先以大運運氣為主來觀看，預測當年，或某一年、某一時間點的運氣。

※ 要看某年、某月的運氣，首先要看那個年歲所當逢的大運為何？是否為吉運，還是衰運？次看所逢之流年運氣為吉運或衰運？再看該流年中所逢之流月好不好？為吉為凶？再找出流日、流時出來。

※ **本章章尾會放『流年、流月、流日』的算法，以便讀者利用。**

◎ **大運好，又逢流年好，是一等好運。再逢流月好，**定有好事及享福之事發生。如果流日再好，就心情再嗨、再高漲、再快樂也不過了。如果單是流日不好，你會不以為意，小事一樁就過去了。

◎ **大運好，又逢流年好，是一等好運。如果逢流月不好**，就要小心流日好不好了，要小心有不順心的事會發生，但不為大災難，會很快過去的。

◎ **大運好，流年不佳，最好靜守，不可衝刺，由其不可投資**。以防有閃失。**此運中流月好的**，可順利做事，也能暴發小的暴發運、偏財運。如果**此運流月不好**，要小心病災、傷災、耗財、失財、損傷之事，也要小心被騙。但被騙的金額會還好，或罪犯被抓住，出了口氣。但失財、病災可轉好，還不算太慘。

◎ **大運平的**(不太好、也不太壞的，如天同居平或廉相運等)，**又逢流年好的**，就要看流月好壞了。**此運中流月好的**，也能做成一些事，成就一些事。家裡經濟狀況吃緊的人，也要趁此運中多努力工作賺錢。但要小心勿做投資，以防有失。不過，如果你的工作本業就是以投資為職業的人，則無妨。一般上班族則不適合投資，以防套牢。此運中流月凶的，要看是金錢方面的問題，或是傷災方面的問題？如果是金錢方面的問題要小心保本，或小心工作，勿被裁員。若是傷災的問題更要算出流日、流時出來，予以防範。傷災時間一定要待在屋中，勿在外行走。即使在外奔波，也要在傷災時間找一個咖啡廳坐一下再走。如此便能防範傷災或車禍傷災了。因為這些傷災的發生都是一個時間點的重要關鍵。時間點移動了，便不會發生了。

◎

大運是弱運的(例如天梁陷落、同巨運、太陰陷落運等等)，**又逢流年差的**，則要看流月的好壞了。**流月好的**，也勉強能做些事。不過，不論好運、壞運，都是要上班的。只不過，好運時，工作會順利，賺錢多。壞運時，易失業、丟職位、窮困。平常在工作崗位上，好運時能多連絡感情。衰運時，要小心看人臉色，小心看老闆臉色，或小心看同事中較強勢者的臉色，以防踩到老虎尾巴而遭殃。人走衰運時，會糊塗、變笨，要小心勿犯錯，勿受傷災。人走弱運時是要多警惕自己，多反省自己的作為的，以防有後悔之事發生。有些人在衰運時，好喝酒來麻痺自己。酒精會讓人失去控制自己能力的力量，這反而更添增做後悔之事的企機。同時愛喝酒也是意志力渙散的人所用來逃避問題的假借方法，這是十分不好的事。其實，我們只要會精算大運、流年、流月、流日、流時，把握住每一天、每一小時，好運的時候奮發努力，向人生目標前進努力。弱運、衰運、凶運的時候，保持守態，以守株待兔的心理，等待衰運過去，好運到來。在衰運、弱運的時候多學習、充實自己，多學一門技能，或多看一些自己本業有關之專業書籍，等好運來時，自然有機會展現你的才華了。

◎**大運是凶運，又逢凶的流年時**，人在遇凶運的時候，要把握一些重要的凶的時間點，勿外出，或事先商請有人陪伴，做你的貴人。如此也能保命，或保不傷身。

例如：女性有『廉貪陀』風流彩杖格的人，有桃花事件，或易被強暴的可能，女孩從小就要有人陪伴，勿單獨行動。由其在寅、申、巳、亥年要小心(要看格局是寅申相照，或是巳亥相照的)。如果再有化忌同宮，會有更大的傷害，必須把發生的流月、流日、流時全算出來，用心防範才行！

例如：當人有『武殺羊』格局時，在卯、酉年要小心，可能會因錢財之事被人殺死，或殺人。甲年生、庚年生的人有此格局的話，最好不要跟他結婚，否則也會身受其害。

例如：當人有『廉破運』時，通常都會破財或有血光之事發生。這是破破爛爛的運氣。其人也會四肢無力，懶洋洋。或又突然想打拼起來了，亂花了一大堆錢。事情也不成功，真是不打拼還好，一打拼反而更糟。『廉破運』或『天相陷落運』在酉宮的人，下午五、六點鐘開車走路都需小心，以防車禍傷身或病痛，或是丟錢、掉錢包、掉重要文件等等。

例如：當人逢『擎羊運』時，是刑剋最凶的狀況。先要看擎羊在那一宮，才能知道在其人本命中，你是被刑剋什麼方面的問題。例如在父母宮，就知道該人和父母不和，得自祖先、父母的資源少，身體較弱，可能健康也不算佳。遺傳因子也不算好。再看擎羊是廟旺，是陷落。廟旺時還有一點強度，只是感情不和，健康還沒那麼糟，但要小心流運中傷災問題。擎羊居陷時，要小心其人和父母彼此拖累相害，以及健康不佳，有遺傳病而受害等問題。流年、流月逢之有開刀或受大傷災的危險。**擎羊『三重逢合』是死期**。由『大運、流年、流月』所組成的『三重逢合』，在流運中是很重要的計算運氣的方法。此外**還有『七殺迭併』之七殺『三重逢合』**必有爭戰、鬥爭、打拼、是非、傷災、死亡之事發生。**還有『破軍迭併』之破軍『三重逢合』**，必有破耗、倒閉、傷災、死亡之事發生。

『陀羅運』是笨運，只會原地打轉，猶豫不決，無法做大事。但『陀羅運』只有『三重逢合』時，有傷災、開刀、肢殘、剋害、破耗、倒閉、死亡之事會發生。這是不論陀羅居旺或居陷皆而有之的。

『火星運』、『鈴星運』居陷時，又三重逢合較為凶運不佳。此二種運程如果單星獨坐，又居旺廟的話，還會有暴發運、偏財運。如果『三重逢合』，就會爆發大財運，也算對人大吉了。居陷時，像火熄滅一般，爆發得小，或有某些突發衰事，要小心。有火星、鈴星獨坐，流年、流月逢其宮位的人要小心，在SARS來臨之時，要小心得到這種流行病症。這是有吉亦有憂的。

至於『天空、地劫』這兩顆星在大運或流年之中的看法：

(一)如果只有一顆天空或一顆地劫和吉星，如紫微、太陰、天同等同宮，這是毫無關係的，對你的人生影響不大。那是因為其人常會忽略一些事而造成一些小的好運流失或虛空、沒得到，人常沒感覺到好運。但也沒感覺到壞運，就這麼過去了。你只要用心過這個大運，把所碰到的好事都落實，工作落實，其實它就較為好運的。

(二)如果有人所遇之『天空運』是在寅宮，對宮又有一顆地劫星相照的流年，這一年其人就要小心了，因為他會頭腦空空的厲害，好高騖遠，盡想一些不實際的東西，但其人本身並不一定掌握得住。這種運氣，自然投資的話，也會成空、成泡沫的。最好三思而行。不過，很難勸得住他。

(三)如果『天空、地劫』並坐在巳宮或亥宮的話。這是子時和午時生的人所會擁有的狀況。大運、流年或流月、流日、流時逢之，凡事都白忙一場，空轉一個流運，一直要到運氣至下一個宮位時，才會轉變。因此，此運最好睡覺或做些整理周邊環境的雜事，還會對你有幫助一點。此流運時間真的是萬事皆空啊！凡有此流運時間在命盤上的人，是可以好好體會一下的。

『流年、流月、流日』的算法

流年：以當年的運氣為主，當年即稱為流年。例如寅年時，稱寅宮為流年命宮，以寅宮中的星曜為流年運氣。辰時以辰宮為流年運氣。

流月：以當月的運氣為主，當月即稱流月。

流月的算法：由流年命宮逆算自己的生月，再利用自己的生時，從生月處順數回來的那個宮，就是你該年的一月(正月)。

舉例：某人是生在五月寅時。辰年時正月在寅月(從辰宮逆數五個宮，再順數三個宮就是正月)。

※ 幾月生就逆數幾個宮，幾時生就順數幾個宮，就是該年流月的正月，在順時針方向算2月、3月…。

4月 巳	5月 午	6月 未	7月 申
3月 辰			8月 酉
2月 卯			9月 戌
1月 寅	12月 丑	11月 子	10月 亥

如何尋找磁場相合的人

每個人一出世，便擁有了自己的磁場。

好的磁場就是孕育成功人士、領導人、有能力的人，以及能造福人群的人的孕育搖籃；同時也是享福、享富貴的天然樂園。

壞的磁場就是多遇傷災、破耗、人生困境、貧窮、死亡，以及災難無法躲過的磁場環境。

人為什麼有災難、不順利、貧窮、或遭遇惡徒侵害導致不能善終的死亡？這完全都是磁場的問題。

法雲居士用紫微命理的方式，讓您認清自己周圍的磁場環境，也幫您找到能協助您、輔助您脫離困境、以及通往成功之路的磁場相合之人。讓您建立一個能享受福財與安樂的快樂天堂。

第十二章　命理刑剋，輕則傷身病痛，重則無子早夭

算命師幫問命者算命，最重要的任務，一方面是解答問命者的問題與心中疑惑。例如來問命者明明覺得自己的命格還不錯，為何沒得到自己想要的財富或職位？還有，問命者會想知道自己到底一生有多少財富？到底自己一生最高的成就在那裡？就像目前的台灣的行政院長之前就跑到香港去算命，想要知道到底官位可做到的最高極限。**一般的問命者最急迫的事有兩件。**(一)是近身的願望是否能達成。(二)是自己人生最高的極限是什麼？這兩個問題其實都和『命

理刑剋』有關係。

大家會奇怪，來問命者是要問人生最高成就，是好的事，這會和刑剋有何關係？應該是看吉星能高到什麼程度，有無好的格局會高到什麼程度吧！

其實不然！大家需要明瞭的事是：任何命理學，其設計方式都是把一個『命體』(亦稱『生命體』，沒有生命者不用算命)當作一塊泥塑或木雕，不斷地用各種格局或刑星或用星曜角度變化將其某部份削減、去除，漸漸的能雕刻、泥塑出一個具像的命體出來。

因此基本上，命理結構是『削去法』，用削去代替塑造，然後才能原形顯現。每個命理結構的使用『削去法』的手法、手段不一樣，因此會命理狀況也不同。但另一方面『命理學』又用歸納法把在某些方面有相同性質的人，用各個類別歸納、統一了起來，因此會有了『命理學』的產生。在每個朝代都會有無數的命理師會做這些整理、檢討命理及發展命理學向前邁進的工作。因此才會有了當今較完整展現的命理學，可供我輩使用。這是我輩的一大福音。

再回原題，由於命理學基本構造的問題，因此當你想知道人生最高點為何時、何事？是要從『命理刑剋』著手的。

首先，要看本命體的旺弱，在紫微命理上，指的是『命、財、官、遷』中煞星多不多，有無危害到命體的發展？煞星多的，便是本命體受到直接的剋害，想要有大發展，會有點辛苦。但也有人會挺過去的。**在『八字學』中**，首先要看日主的強弱，日主的強弱是以當生月份的節氣是否合宜而定的。建祿並帶財星的月份總是對其人有利的。同時也代表先天出生的環境好，資源豐富。再由日干支和其他年、月、日、時等干支的比較關係來看是否有刑剋及相合，以定命體的吉凶。

通常命體中帶有『貴格』的，其人能有機會高人一等。能高到什麼程度，要看是否還有別的可配合支援的條件。文貴有文貴的形式，武貴有武貴的形式，逐一不同。由其在『武貴』中，刑剋反而對其人有利。正所謂：『無煞安能身有權』。刑剋、煞氣也能組成主貴的格局。

有的人覺得自己的工作很競爭，爭鬥不斷，因此覺得自己做的是武職，因此想來看看是否有『武貴』？這是不對的！武職只有指軍、警業。其他行業是無法稱為『武職』的。

若要檢查是否主貴有貴命、貴格，由八字中是否『見貴』為最直接簡單。只要從『八字』中的八個字中檢察有無下列狀況即可知是否帶貴了。

十干帶貴起例

天干	陽貴	陰貴
甲	丑	未
乙	子	申
丙	酉	亥
丁	酉	亥
戊	丑	未
己	子	申
庚	丑	未
辛	午	寅
壬	卯	巳
癸	卯	巳

即使檢查到了命體上所『帶貴』多，還要看看是在八字四柱中的那一柱干支上形成的，這和該柱所代表之大運有關聯。如在年柱上，就是二十歲以前會出名。如果在月柱上，代表四十歲之前會出名主貴。如果在日柱上，要等到五、六十歲會出名。如果在時柱上，要等到七、八十歲才能出名。如果四柱帶貴有好幾重，則其人會有大

名聲，事業成就會高。如果命體都無『帶貴』現象的，則要靠大運來補運才行了。如果大運正走到用神得用的運程上，也能出名大出風頭。例如用神為火的人，走到火運(丙、丁運)，就能大發。用神要水的人，走到水運，便能大發，或高陞到自己想要的職位。不過，要當到行政院長或總統的人，是需要更高的貴氣才行。

看主貴需要看『命理刑剋』，看八字中，天干、地支間的相沖、相害及相挺的問題。在紫微斗數中就是三合相合，或是有煞星進入，或是有星曜居陷地等都是刑剋關係。好的刑剋可以使人主貴，而壞的刑剋就只會使人有傷殘現象，或身上帶有疾病了。

一般大部份平常人的命格中，大多數只是有不好的刑剋，因此生老病死的現象很顯明的上演著。在命理學上也認為：很多傷災、殘障及疾病是先天性就帶有的。很多人年輕時身體力壯，五十歲時

開始洗腎了。這是先天肝腎就較弱，又一直沒保養好，到了一定的期限就臟器衰弱，要靠外力醫療來幫忙其生命活下去了。有些人小時身體好，能跑能跳，但青年或中年因車禍失去部份肢體。如此也是其人先天帶有某些不好的時間因果，以及在八字上或紫微命理盤上會有很明顯的傷剋問題，才會發生事情。

桃花問題也是一種刑剋

有些算命師很喜歡桃花，拼命為人做桃花。拼命賣飾品給未婚男女，來祈求桃花。一般來說，桃花也是一種人緣、交際上必須的好感。但這都只算是『淺桃花』。

『桃花』有色情的成份時，就非常不利於事業和人生的發展了。

在桃花的分類中，還有『桃花劫』、『桃花煞』。這些都是會受到桃花色情所剋害的刑剋問題。有些會害人性命，非常恐怖。例如白曉燕遭撕票案，就是其人有『桃花劫煞』的問題。父母事先未算命，未預防好。有些小孩被人偷走、走失，也大半是『桃花劫煞』的問題。

桃花問題在成年人身上，尤其做到大官時，還發生外遇、緋聞事件，影響前途或下台。這種桃花劫煞就是壓垮其人終生前途的最後一根稻草了。這些例子在政壇界屢見不鮮。

有一些女藝人為了炒新聞而頻頻製造桃花劫煞問題。熱鬧都炒不久，始終會結束。有時會反嗜自身更嚴重。這就是刑剋呀！

無子、生育困難也都是刑剋

算命師都很清楚：現代各國的生育率降低，新生人口銳減，社會老年化的狀況很嚴重。現代的年輕人及有生率能力的年輕男女們又常常是生不出來，無法懷孕，或借助人工受孕，須要醫生的幫忙而生子。這些現象全都是刑剋現象。

其實命理師也都很清楚的看到：這一代的人用人工受孕生出下一代。再接下去的一代是否仍有能力再生育，實在很值得懷疑，這其實遲早也有絕嗣的一天的。

其實，當急之務是要增強、改善人類的體質，而不是政府只發一點生育或幼兒園的補助費，便可鼓勵多生小孩的。

由紫微命理上來看，生不出小孩的人，全部都是子女宮和田宅

宮的問題。有些未婚者，也會是因為田宅宮不好而未婚的。因為田宅宮是人之財庫所在。不論你生命的財或金錢珠寶之財庫存不存的住，或財富多寡，完全由人的田宅宮來管轄主宰。田宅宮有羊、陀、火、鈴、劫、空、化忌的人，都易有難受孕或未婚，結不了婚之狀況。

有些田宅宮差的人，如果早點結婚，早點生小孩，說不定還會生得出一、兩個小孩出來。晚生時，便生不出來了。

田宅宮不好的人，也代表其人內在資源少，精液及女性卵巢機能不佳。也是生命之財較枯竭，自然就算是勉強由醫生的助力所生之子也容易身體較弱，遺傳病症多。

第十三章　如何以喜用神補足命格缺陷，如何防忌神於凶方

算命師的功能與任務就是為人解惑，並要有對策幫人改善命體上的傷剋刑災。算命師所使用的方法及手段有很多種，大多是用嘴巴說一說：要改這、要改那、要改脾氣、要改住屋風水、或改祖先墳墓。很多人是爬上高位，才想改祖先墳墓的，想藉由此來增高自己做總統的機會。

但不管你怎麼改，你所需要用到的基本理論，仍是以中國最原

始的學問，用八字之『喜用神』來補足命格缺陷，或墊高自己命格的基礎。

第一節　如何以喜用神補足命格缺陷

人類從出生到死亡、死後都用得到『喜用神』。人從生辰『標的』──八字中找到『喜用神』。在人類生命的存活期間，便以此為吉方、財方。在財方賺錢、發富。在吉方的環境下生活順暢無憂無災。某些人類是天生會有磁場感覺，會自己找到屬於自己的吉方而生存、生活的。但有些人較遲鈍，並無法自己感覺出自己的喜用神方向，而容易受困、受苦，成就不大，或是『富不足』，或是『貴不足』等等。

世界上所有的成功者，包括富翁級的人們、事業有成就的人們、企業總裁、高級主管，或能『出大名』者，如在運動上建立名聲，或各類業界之佼佼者，或是比賽競爭的優秀者，或是政府總統、各級管長、官員，只要能得意的人，就必須靠喜用神的配合使用及大運流年的運行而發運成功。

例如：能在台灣當上總統者，因台灣地屬南方，所代表之喜用神即是必須要『用火』之人，才做得上總統之位。從蔣中正開始到現在的馬英九總統，歷屆總統皆為喜用神為火的人。因此，必定是真神得用的人，才能達到最高成就。

又例如：世界首富比爾蓋茲是『喜用神』需要『水』的人，故在西方美國起家而發富，如果他從小生長在中國或台灣，便很難發展得起來。

例如：日本首富柳井正先生是『喜用神』要『木火』的人。因此在中國大陸設工廠，做廉價衣服，銷售世界，但在英美的投資常滑鐵爐，這就是因為『木火』的地區才是他喜用神的方向和方位。而『金水類』的西方是他的忌方之故。

所以，『**喜用神』方位就是你該生活、生存的環境地區**。不適合你生活、生存的地區環境，就是『忌神』方位的地方。『忌神』所代表之方位地區，是相關於『喜神』、『用神』方位的相反方向，稱之。它也稱為『凶方』，會帶給你災難不吉。小則失財、耗財，大則害命、傷身。早先，一些到大陸投資的台商，有人血本無歸，有人慘遭殺害，都是喜用神方向選不對，誤闖了忌方、凶方所致。

人常因為成本節儉的問題，到較落後的地區或國家投資，自然這對於投資人的風險、人身安全會有很大的威脅。這是非常大之冒險。更需要好好把喜用神精算一下了。否則最重要的人命失去了，便全都做不成什麼事了，而會人財兩失。

喜用神要選取的正確才會對你有用

選取『喜用神』是八字中的精髓，內中學問很大，並不是所有的算命師都會的。而且某些剛學的算命師，常自做聰明，不懂裝懂，能給人找喜用神，結果都是錯的，十分害人！

喜用神在我們生活上會用在最常見的取名、改名上面，結婚合八字、取妻生子上面，生活、活動方面和到遠處旅行，或買房子、住屋的屋向、門朝向，以及開店風水、考試、升官方面，求財方面，暴發運、偏財運方面皆而有之。

喜用神的效力運用在公司命名、個人命名、新生嬰兒取名，或個人改名字上，都要運用適合的、對人有益的喜用神來放在名字中為人打氣、增旺運，才會有效，使人能改頭換面，好好加強旺運運氣來引導人達到人生高峰才行。

（《如何選取喜用神 上、中、下三冊》法雲居士著）

喜用神的選取是必須要有一點『八字學』的精深能力的人，才能真正選得對的。

有些算命師，八字學未精，便幫人胡亂選『喜用神』，真是造孽。因為選錯喜用神，往往會把人導向凶方、死神的方位，豈不是造孽深重嗎？

有些算命師甚至看到八字中火土重，便以為用『火』來做『喜

用神』。所以告之問命者，結果導致被算命的人，運氣更壞，健康也走下坡。終日病歪歪的，無法提起精神振作起來，後來來我處論命時，才發現之前的算命師取錯喜用神了。生於夏日，命中火土重的人，需水恐急，再不快點用壬水來救，是很快便有災禍的了，但前面的算命師八字不精，未通，仍選用丙火做喜用神，故未曾替他做救命的動作，還選錯喜用神，這豈不是在害人性命，會讓別人去死的嗎？所以算命師必須常精進自己的命理學問，否則三腳貓功夫的算命技巧，只能害人，而無法幫人了。

目前有一些算命師替人改名字時，常不說出理由、道理，而直接給改名者一百個字，或二百個字，要改命者自己去組合名字。要不然算命師就會替欲改名者取一些瓊瑤連續劇中主角的飄逸又虛浮的名字為名字。這些都是不對的做法。

首先，用一百個字或二百個字來湊名字，根本沒有法理可言。要改名字的人，一定是遇到了非改名字不可的境遇狀況。例如說：做事及生活不順，或感情不順，沒有進展，亦或是已有傷災、病痛，須要藉修正名字來改人身之元氣，因此要改名字的。算命師給他這一、二百個字要他自己選，就是叫他自己改名，他能自己改名，何須再來請教算命老師呢？

其次，有關於名字愛取飄渺虛浮之字，或愛情連續劇中主角之名字時，其人也容易不實在，喜歡生活在虛浮的生活中。如果你是個愛做事情，愛賺錢，想發財，想對自己有點交代的人，想力爭上游好好做事的人，就不能虛幻的過日子，就要預防用這些虛幻、不實際的字做名字。（《納音五行姓名學》法雲居士著，可參考之）

會改名字的算命老師，通常都可藉由名字瞭解到此人目前走什麼運，工作好不好，錢財順不順利，性格如何，以及六親關係如何？結不結得了婚？和配偶、子女，以及和父母、長輩的關係如何等等資訊。所以一個名字透露出人的很多訊息。名字能改運，能改變人的想法，進而達成自己的人生目標，這是千真萬確的事情。我常說：『人的一生都是來為自己的名字打拼的！』**如果你的名字非常有意義、有格調，又有奮發力，又適合你工作的行業的話**，又能把六親關係改善成為補助力量的話，你在事業上的成功率會比別人強十倍以上！

用『喜用神』在名字中補氣，彌補改正五行之氣的不足或過多所造成的侵害與刑剋問題，平衡五行之氣就能達到改善命體之六親關係，以及命體本身身體的健康狀況，這是十分有效的增長人運氣的辦法。所以命理學上常稱『喜用神』是『藥』，能治療命理上之疾病。而算命師本身也該具有仁心仁術，必需具有專業能力才幫人看命及選取喜用神。否則會像庸醫一樣害人匪淺的。

生活環境也要依照喜用神的方位，才會順利發福、發財

在世界上所有的達官顯貴們，以及運氣旺的人，全是站在自己生活旺運的地方而發展成就大業的。所以生活環境也須依照喜用神的方位來順應，對人會最為有利。

其實，人的本性也能有敏感度、靈性來感覺對自己有利的方位和地區的。很多外國人、西方人或日本人跑到台灣，甚至到泰國、越南、新加坡來工作，這些人多半是命體中要火的。而他們本身的國家在西方、北方，因此他們在自己的國家中會感到不順利，或找

不到工作做，到台灣或靠南方(熱一點的國家地區)就非常適合他們。究其原因，就是他們的喜用神是需要『火』或『土』的，因此他們會主動南移，來尋找自己的活路。

有一位嫁到日本的女性，有一次在閒聊起，談到二、三十年前她大學剛畢業，初到大飯店工作，便有一位日籍客人猛力追求她。她起先很迴避，甚至轉到杜拜的飯店工作。但在那理身體狀況反而不好，病重，最後由家人接回台灣，其後，她還是嫁到日本。那位日籍客人就是她的現任夫婿，也是他會同她的家人將她接回台灣的。她很想知道為何自己的人生有這麼大的轉折呢？

其實，這也是喜用神的關係。這位女是生於農曆四月近午月的時候，八字中火多，性剛烈，急躁。也許是當時運氣有點弱，所以故意調職反而到了沙漠地帶，喜用神屬火的地方去工作生活，她本

身的喜用神缺水很急，又到了土多水絕之地，因此會生了一場幾乎要了她的命的大病。後來結婚到日本生活，日本在北緯三十度左右，較北方，因此對她有利。她在日本過著少奶奶的生活，生了三個子女，十分幸福。這也是冥冥之中，人會隨者自己命體急需的喜用神去移動生活的環境方位之鐵證吧！

平常，我們買房地產，買房子，也需非常重視喜用神的方向不可。否則房地產不容易留得久，或所買之房地產易有瑕疵。或是房地產遭套牢，資金無法移動，也會遭受損失。如果人的喜用神和所在地之方位、方向相合的話，即使遇金融災難也不會損失很大。

有一位學別人移民，想把小孩送到美國受教育的台灣同胞，在美國買了兩棟房子，一棟自己住，一棟投資，結果金融海嘯時，他想賣掉房子回台灣居住，卻是賣不掉了。損失慘重，後來也生活很

辛苦。我幫他看命時，告訴他：原本就不該去美國移民的，因為他的喜用神要的是『火』，如果去新加坡移民會較好。不適合去美加西方國家移民。

另一位香港女性同胞也移民到美國西雅圖，本身是做房地產業，到了美國，仍然做房地產業，而她的喜用神是要『金土』的，因此當她遇到金融海嘯時，早已先一步把手上的案子結清了。她說：冥冥之中彷佛有神助一般，總是有一股無名的力量在告訴她怎麼做，如何會更對她好。這位小姐是紫微居廟在午宮坐命的人，本命就是好運及精明的人所致的吧！但她的命中也是缺金土的，因此喜用神便是『金土』。在金土之地生活，又做房地產屬土的行業，因此靠房地產的收入很豐厚。

往大陸移民、投資的人，也是須要先弄清楚自己喜用神宜忌才能去打拼的。像郭台銘的本人本命及鴻海企業、富士康企業，都是喜用神屬金水的喜用。統一企業及宜蘭企業、康師傅泡麵企業集團也是一樣，如此他們才能在大陸站得住腳，工廠從大陸東到西都有，但是他們在南方如廣東深圳、東莞的工廠則容易出事。就是因為這些工廠的位置在五行屬火的位置，和老闆的喜用宜忌不合的關係使然。

考試的地點及方位可預測考中與否

算命師替考生預測考試是否命中的方法有很多。如果考期近了，已預先知道考場的地點，其實就更容易預測考試命中率了。**通常用兩個點來預測命中率**。一個點是考場地點，一個點是考生的家。首先由考生的家做一個中心點，算命師可用指北針或用太陽的位置來預測方位。這兩種方法都很簡單。

由考生的家為中心點，可用指北針來測量考場所在之方位為東西南北那個方位。這個方位所代表之喜用神宜忌如果和自己喜用神相合的，便是吉方，則易考上，否則為忌方、凶方，不吉，考不上。

例如考場在考生佳的正東邊或南方，考生的喜用神必須是需要『木』或『火』的。其人則會考上。如果考生的喜用神為庚金或壬水的人，則不一定會考上，或考不上。**又例如考場位置在考生家的北方或西方時**，考生的喜用神必須是須要庚、辛金或壬、癸水的人，則易考上。如果喜用神為甲乙『木』或丙丁『火』或戊己『土』的人，則難考上，或成績很差。

用太陽來偵察方位時，也很簡單。但最好是早晨或下午近傍晚時測，較容易判斷。中午時分，太陽在頭頂上，較不易分出方向、方位，早晨時，太陽出來的方向是東方，用右手指著太陽出來的方向，身體順勢轉平，則你面向的位置是北方，右手指的方向是東方，

則你背對的位置是南方，左手的位置是西方。於是東南西北就分出來了。這是用自己的身體做指北針。**如果在傍晚**，則以右手指著太陽，身體順勢轉平時，你面向的方向是南方，右手指的太陽的方向是西方，左手指的方向是東方，背對著的方向是北方。

如果去找工作，也是可用此法來預測吉凶

多選擇與自己喜用神相合的方位、方向及名稱的公司工作，會升級、升職加薪得快，也會有較好的發展。由其在公司中人緣關係會好，能待得久一點。如果不小心選到與自己喜用神不合的公司，

很可能工作不長久，及工作上困難很多，人緣關係不佳。或老闆對你的要求不重視，以及原先答應你的條件不履行等等，會讓你的內心煩惱不停。

第二節　如何防忌神於凶方

如何防忌神於凶方

算命師通常在告知問命者該人所具有之財方、吉方之後，也會告知其人凶方為何？(忌方為何？)凶方即是忌方。在『奇門遁甲』上算是死方、死門之位。是所有人所禁忌之所(方位)。會有傷災、死亡之危險。

大家通常是覺得『忌方』離自己很遠，不值得擔心。其實，忌方就在吉方的旁邊，不算很遠。怎麼說呢？我們常常會去旅行遊玩。人會移動搬家，會調職或出差，這時候就要小心自己的忌方了。這次梅姬颱風來犯，雖未登陸台灣，但下雨已使蘇花公路坍方，有一大陸團的旅行團二十一人的遊覽車跌落峽谷，十分令人難過。這些旅行團員，事先也不會知道台灣花蓮地區就是他們的忌方、死方吧！所以，出門前，事先算個命則是一勞永逸的事。很多人會在出生時便先替嬰兒算好命，以備一輩子好使用。有先見之明總是好的。人必須有先見之明，才能防範忌神於凶方。

又例：前先時候，電視外景隊前往印度出外景，該團在印度遭槍劫，其中攝影師被槍擊中，當時有性命危險，幸而開刀救回一命，豈料回台救治中，又發現身染巨大厲害不死菌種，又在擔心受怕中，無以自處。其實算命師一看便知此人是誤入『忌方』方位了。因此受此災難。此人鐵定是夏天生人或命中火多之人，無法前往印度及靠近赤道附近的國家，否則就有不吉。其實他到越南、泰國、新加坡、馬來西亞、澳洲、紐西蘭等地皆不佳。他到歐美地區、北歐地區、中國西部、北方、東北方地區，才是他適合活動的範圍。如果他再次在不對的時候(季節為夏季)，在不對的地方、方位(南方)出現，下次就可能一命嗚呼了！

如果他是萬不得已，非去忌方不可，可選冬天去，也不宜停留太久。

命格中喜用神為『火』的人，適合到赤道附近國家及中南美洲去旅遊，有好運。也適合去中國大陸南方廣東、廣西、福建、海南島等地。

命格中喜用神為『土』的人，適合去非洲、阿拉伯國家、伊朗、阿富汗、印度、巴基斯坦等國旅行、遊玩。中國大陸的黃土高原，近沙漠地帶等地皆宜。

命格中喜用神為『木』的人，適合去日本、韓國、英國，及中國大陸的東北方、東部青島、山東等地。

命格中喜用神為『金』或『水』的人，適合去西方國家、美加、北歐、西歐、全歐洲等地。但不適宜中南美洲。在中國大陸適合居住、旅遊的地方為北方、蒙古、新疆、上海、北京等城市。

如何用
偏財運來
理財致富
⊙法雲居士 著⊙
《全新修訂版》

第十四章　算命師必須發揮功能性

每一種行業都有其對社會的功能性。算命師行業也不例外，有其特有的功能性。雖然前面以講過很多了。但是在本書結尾的時候，仍要再對算命師鼓勵一下，希望算命師同業要鼓起精神，本著良心多做對社會人類及客人有利的事。**算命師要自詡為醫生，為蒼生治療生理及心理的疾病**。前些時候我寫過一篇文章是有關美國天王巨星『麥克．傑克森驟逝的真相』的一篇文章，在網路上轉貼留傳。根據命理學的角度，發現了此人是因為命中火土重，心情悶，身體不佳，又不知原由，拼命打提精神的針藥，拼命想工作，勞累成疾，終於在又打了提神針藥後幾小時而心臟衰竭而死。此事給命中火土多，火土重的人引起為戒，做一個提醒。由其在火土年，像二〇〇八年為戊子年，天干是戊己年，這些人就特別難過，如果再有土蓋住水的狀況，就會像麥克一樣一命嗚呼了！當急之務要點是：

(一)要身穿淺藍或水色、黑色、深藍、灰色等衣服、用品，不可穿紅色、綠色衣物用品，如果有上班制服的限制，可將內衣褲選用吉色亦可。

(二)不宜至南方居住或遊玩，最好住在北方或靠近水(河川或海)的地方。或是城市名稱是五行屬水的城市，方位要對，身心才會安泰。

(三)在運程逢火土年時，因本命缺水的關係，會身體很弱，身體會軟趴趴，要修心養性，**不能過於操勞**，要保持身心的平衡、平靜，小心靜伏，自然能渡過戊土刑剋的流年運程，而會少傷災，或能渡過死亡時期而生存下來了。

算命師不僅能救人之命，如前者能早告知其本人，就能做到救人一命。同時在現今複雜的社會形態下，人類有許多煩惱，也都可和算命師商量解決。大部份的人不喜歡看精神科醫生，怕被人誤會有精神病。也少有人願意看心理醫生，因為費用有點貴，又不是一次就能解決看好的。況且健保也沒有給付。因此『算命』就是自古以來中國人最愛的抒解精神壓力及排除困難的超級有效方法了。

因此算命師會身兼命理解析、醫生的醫療功能、心理輔導功能、生活經驗、常識傳遞功能、家庭和諧調解功能、子女教育建議功能、父母、子女溝通之輔導功能、交友方法及分析功能、工作能力之潛

能開發功能、錢財投資之建議功能、儲蓄方法、節約生活之輔導功能，以及當人失敗後重整心理建設及生活型態之建議功能、婚姻之評鑑及協調功能。

哇！你可以看到：**舉凡人一輩子生活上所需之事和經歷都能包括在其中了**。如果你真是一位很能精明幹練處理事情的人，則『算命師』就是你最好的軍師、助手、隱形的老師。可以讓你在人前風風光光的打拼事業，贏得榮耀。而背後有強力的推手將你送上最高的成功堡壘。你再也不必怨嘆，沒有好的家世或沒有好的軍師來幫忙你做後盾。算命師就會是你最忠實而堅強的後盾了！

在此與各位算命師共勉之。

如何
選取喜用神
(下冊)
如何
選取喜用神
(中冊)
如何
選取喜用神
(上冊)

紫微星曜專論

紫微星曜專論
《二版修訂版》
◎法雲居士 著◎

簡易
大六壬神課詳析
法雲居士 著

紫微命理
子女教育篇